DISCOURS

POUR SERVIR

DE REGLE OU D'AVIS AUX BIBLIOTHECAIRES

PAR

Louis MACHON

PUBLIÉ ET AUGMENTÉ

D'UNE NOTICE SUR LOUIS MACHON ET SUR LA BIBLIOTHÈQUE

DU PREMIER PRÉSIDENT MESSIRE ARNAUD DE PONTAC

par

DASPIT DE SAINT-AMAND

BORDEAUX

IMPRIMERIE DE G. GOUNOUILHOU

IMPRIMEUR DE LA SOCIÉTÉ DES BIBLIOPHILES, RUE GUIRAUDE, 11

M DCCC LXXXIII

LOUIS MACHON

ET LA BIBLIOTHÈQUE D'ARNAUD DE PONTAC

DISCOURS

POUR SERVIR

DE REGLE OU D'AVIS AUX BIBLIOTHECAIRES

PAR

Louis MACHON

PUBLIÉ ET AUGMENTÉ

D'UNE NOTICE SUR LOUIS MACHON ET SUR LA BIBLIOTHÈQUE

DU PREMIER PRÉSIDENT MESSIRE ARNAUD DE PONTAC

par

DASPIT DE SAINT-AMAND

BORDEAUX

IMPRIMERIE DE G. GOUNOUILHOU

IMPRIMEUR DE LA SOCIÉTÉ DES BIBLIOPHILES, RUE GUIRAUDE, 11

M DCCC LXXXIII

NOTICE

SUR LOUIS MACHON

ET

SUR LA BIBLIOTHÈQUE D'ARNAUD DE PONTAC

Le Parlement de Bordeaux, qui compte parmi ses membres deux noms dont la gloire littéraire suffirait seule à illustrer une nation, fut une pépinière de magistrats éminents chez lesquels l'étude de la jurisprudence s'alliait au culte plus aimable des lettres. L'amour de la justice laissant une large place à la passion des bons et beaux livres, ces esprits d'élite trouvaient un délassement à leurs austères travaux dans la formation de collections d'ouvrages rares et curieux dont les débris excitent encore notre admiration. C'est ainsi que furent créées : la librairie de Montaigne, la bibliothèque de Florimond de Raymond, celles du président Nicolas Boyer, du président de Nesmond, du président Daffis et de tant d'autres qui ont disparu sans que leur sort nous soit connu.

Les regrets que nous cause la dispersion de toutes ces richesses seraient atténués dans une certaine mesure par un catalogue qui nous permettrait de juger de l'ensemble de ces opulentes collections et d'apprécier l'esprit qui aurait présidé à leur composition. Ce dédommagement nous a été ménagé, pour l'une des plus précieuses bibliothèques locales du XVIIe siècle, grâce au manuscrit 830 de la Bibliothèque de la Ville, provenant de la bibliothèque de l'ancienne Académie de Bordeaux. Ce manuscrit nous donne le catalogue des livres du premier président Arnaud de Pontac, dressé en 1662 par l'abbé Louis Machon. Avant de tracer les caractères particuliers et de faire connaître le contenu de ce précieux manuscrit, il nous paraît convenable de présenter au lecteur l'auteur de cet important document.

L'abbé Louis Machon n'est pas le premier venu et sa personnalité est digne d'attirer l'attention (¹). C'est le type accompli de l'homme d'église doublé de l'homme de lettres, qualité si commune à cette époque. Archidiacre de Port et chanoine à Toul, il ne dépendait que de lui que sa vie s'écoulât calme et paisible, partagée entre l'accomplissement des devoirs de sa charge (²) et son doux commerce avec les Muses.

(¹) L'Intermédiaire du 10 mai 1881, colonne 318, nous fournit les renseignements suivants sur sa famille. Louis Machon était fils de Louis Machon et de Jeanne Oudan. Les Machon, anoblis en 1628 portaient : d'argent au croissant d'azur, au chef de même, chargé de deux étoiles d'argent, et, pour cimier, une étoile de l'écu environnée d'un vol aux métail et couleur du dit écu. (Nobiliaire de dom Pelletier, p. 503.)

(²) Comme archidiacre de Port il était chargé de l'administration des biens de l'église et en particulier de la surveillance du

Sa nature ardente et l'indépendance de son caractère en décidèrent autrement en le poussant sur le terrain brûlant de la controverse religieuse et de la politique. Il s'y attira des haines redoutables; il en ressentit bientôt les effets. Impliqué dans une affaire de faux sceaux par le chancelier Séguier, chez lequel il avait le vivre et le couvert à titre de commensal, et qui lui fit jouer en cette circonstance le rôle de bouc émissaire, l'infortuné L. Machon fut jeté en prison (¹). Pendant sa détention, égaré par le désespoir, il essaya de se suicider en s'ouvrant les veines, mais, le sang s'étant arrêté, on put le sauver. Lefèvre d'Ormesson affirme que l'opinion publique accusa hautement M. le Chancelier d'avoir inventé cette affaire « pour couvrir quantité de méchantes lettres qu'il avait accordées » (²).

L'insuffisance des preuves ayant valu à l'accusé son

clergé de cette partie du diocèse. Il avait été élevé à cette dignité le 25 septembre 1633. Il remplissait, en même temps, les fonctions de chapelain épiscopal, de greffier, de conseiller et de secrétaire de l'évêché de Toul.

(¹) *La disgrâce de Machon a d'autant plus lieu de nous surprendre que le Chancelier l'avait naguère comblé de ses faveurs. Il lui en exprime sa reconnaissance et lui rappelle ses obligations par une lettre datée de Toul :* « Pour vous témoigner, Monsei- » gneur, que les vœux que je fais continuellement pour vous ne » sortent non plus de mon esprit que vostre nom de mon cabinet et » vostre portraict de ma chambre..., etc. » *(Toul, 28 février 1643. Lettre 17374 extraite du Recueil des lettres originales écrites au chancelier Séguier de 1633 à 1669. Bibliothèque nationale, fonds Saint-Germain-des-Prés.) Dans une seconde lettre, il lui dit :* « Mon plus grand bien vient de celuy que vous recebvez... » *et termine en le suppliant de lui conserver ses charges au bailliage de Metz. (Toul, 18 juillet 1643. Lettre 17377, même recueil.)*

(²) *Journal d'Olivier Lefèvre d'Ormesson, t. I, p. 594-595.*

élargissement, la victime du Chancelier songea à se renger. Le ressentiment de l'abbé Machon, qu'expliquerait suffisamment l'indigne procédé qui l'avait privé de sa liberté, s'avivait encore au souvenir de sa fortune perdue. Pendant l'instruction de son procès, on avait confisqué ses bénéfices. Ce fut une perte irréparable. L'archidiaconé de Port était le plus grand, le mieux situé des six archidiaconés de l'évéché de Toul, et le chapitre de ce diocèse, dont L. Machon faisait partie, possédait en fonds dans le pays Toulois dix-sept ou dix-huit villages, ainsi que plusieurs terres dans la Lorraine et dans le Barrois, avec la jouissance de dîmes dans un certain nombre d'autres localités (¹). *On comprend sous quelle influence l'abbé rédigea, en forme de* factum, *une requête au Parlement par laquelle il réclamait la restitution de ses bénéfices et écrivit un livre, où, racontant les événements qui se sont passés à Paris en 1648 et 1649, il appelle les barricades :* grand mystère et ouvrage de Dieu. *Un chapitre de ce livre renfermait, en outre, une satire des plus mordantes contre Séguier. Ces deux écrits, saisis et supprimés par le lieutenant civil, avant leur publication, méritèrent à leur auteur un logement au Châtelet, «* où il est pour longtemps, *dit Guy Patin dans une de ses lettres, si M. le Chancelier n'a* encore un coup pitié

(¹) *Le chapitre de Saint-Étienne, de Toul, était un des 21 chapitres nobles d'hommes qui existaient autrefois en France. On n'y était admis qu'en produisant les preuves de trois degrés de noblesse paternelle.*

de lui.» *Le ton aigre et dédaigneux de Patin tendrait à nous faire croire qu'il avait eu maille à partir avec l'ancien archidiacre de Port qui, d'après lui, devait déjà au Chancelier de n'avoir pas été pendu à l'occasion de son prétendu crime des faux sceaux.*

A quelle influence pourrons-nous attribuer sa sortie du Châtelet? Rien ne prouve qu'il dût son élargissement à l'intervention du Chancelier. Quoi qu'il en soit, il est certain qu'il ne resta pas longtemps sous les verrous, car dès l'année qui suivit ses démêlés avec la justice, en 1652, l'esprit aigri par les injustes persécutions dont il avait été l'objet, il profita de sa liberté pour attaquer le cardinal Mazarin dans une brochure : Observations sur l'arrêt du Parlement du 29 décembre 1651 (¹). *Cette même année 1652 vit paraître à Rouen ses* Entretiens d'un vrai chrestien durant la vie presente, *mêlant ainsi le sacré au profane et passant, sans embarras, de la poli ique au mysticisme. Le* Discours ou Sermon apologétique en faveur des femmes, question nouvelle, curieuse et non jamais soutenue, *Paris, 1641, in-8º, et l'*Abrégé de l'histoire de Henry III roy de France et de Pologne *avaient déjà marqué sa place dans le monde des lettrés.*

Outre ces quatre ouvrages l'abbé Louis Machon a

(¹) *Paris, 1652, in-4º. C'est la même pièce que celle du catalogue de Pontac, intitulée :* Observations véritables et désintéressées, *etc. Paris, 1652, in-4º. M. C. Moreau (Bibliothèque des Mazarinades) a raison de les attribuer à Machon, mais il a tort d'en faire deux Mazarinades distinctes.*

*laissé les douze manuscrits suivants qui, par la
diversité des sujets traités, donnent une haute idée et
de la variété de ses connaissances et de la souplesse
de sa plume :*

*Dix méditations faites par le sieur Louis Machon, archi-
diacre de Port et chanoine de l'église cathédrale de
Toul, pendant les dix jours de sa retraicte dans la
maison de Saint-Lazare, faux-bourg Saint-Denis-lez-
Paris.* Paris, 1645.

Pouillé de l'Evesché de Metz. Recherché et aussi rédigé
par maistre Louis Machon, licencié en droit, archidiacre
de Port, chanoine de la cathédrale de Toul, chapelain
épiscopal et greffier des insinuations de l'Evesché et
diocèse de Toul, 1642.

*Pouillé extraict et compilé du vieux pouillé de l'Evesché
en rouleau de parchemin. De celuy du chapitre de la
cathédrale de Toul de l'an 1402. Du nouveau de
l'Evesché fait en l'an 1499. D'un autre de l'an 1556.
D'un autre de l'an 1580,* par Louis Machon archidiacre
de Port, chanoine et chapelain épiscopal, 1635.

*Dénombrement de tous les bénéfices de l'Evesché de Toul
avec les noms des patrons et collateurs d'iceux confor-
mément au pouillé général dudit Evesché, faict et
escript en l'an 1599,* par le sieur Louis Machon,
conseiller et secrétaire dudit Evesché.

Remarques sur une histoire journalière de Louis XIII.

*Vitæ quorumdam sanctorum ex tabulis Ecclesiæ cathedra-
lis Tullensis,* a Ludovico Machon, archidiacono de Portu.

*Traitté des droicts du Roy tant anciens que modernes sur
les Estats du duc de Lorraine avec le desnombrement
des villes, chasteaux, villages et aultres lieux et raretés
du pays.* In-f°.

*Traitté politique des differens Ecclesiastiques arrivés
depuis le commencement de la monarchie jusqu'à present,*

tant entre les papes et les roys de France que le clergé de leur royaume. A Paris, 1643 ([1]).

Recueil des matériaux ayant servi à composer le livre precedent.

Apologie pour Tertulien touchant la beauté corporelle du Christ contre N. Rigault. Paris, 1653

Apologie pour Machiavel.

Catalogue des livres de la bibliothèque de monseigneur Arnaud de Pontac, conseiller du Roy en ses conseils, et premier président en son parlement de Bourdeaux, etc., précédé du Discours en forme de préface sur l'ordre tenu et observé dans la suitte des tiltres et la division de ce catalogue pour servir de règle ou d'advis aux Bibliothécaires et aultres qui en veulent faire et dresser.

Les neuf premiers manuscrits appartiennent depuis 1794 à la Bibliothèque nationale après avoir figuré parmi les livres du chancelier Séguier, du duc de Coislin et de l'abbaye royale de Saint-Germain-des-Prés. Les deux derniers ont passé de la bibliothèque de Pontac dans celle de l'Académie de Bordeaux, qui les a transmis à la bibliothèque de la Ville. Quant à l'Apologie pour Tertulien, ce manuscrit a disparu de la bibliothèque de notre Académie au

---

([1]) *La Bibliothèque nationale possède deux exemplaires de ce manuscrit: l'un incomplet, daté de 1643, est dédié à Nicolas Fouquet, vicomte de Melun et de Vaux; l'autre porte la date du 26 mars 1648, et contient 1,620 pages de texte et 6 pages de dédicace à Séguier. Sur la première feuille on lit cette curieuse note: Ce livre a été arrêté, il n'a pas eu le privilège pour estre imprimé parce qu'il contient plusieurs erreurs contre la foi de l'Eglise. Le privilège ne pouvait être accordé à un livre où les opinions gallicanes de l'auteur s'affirment avec une véhémence voisine de la diatribe. Cet ouvrage, d'ailleurs remarquable à plus d'un titre, est une critique acerbe des abus et des empiètements de l'autorité papale, mis en relief avec une rare vigueur.*

moment de la Révolution. Quoique nous n'ayons à nous occuper ici que du catalogue des livres d'Arnaud de Pontac, dont le Discours en forme de préface a fourni la matière de notre publication, nous signalerons néanmoins au lecteur l'Apologie pour Machiavel [1]. *M. Artaud de Montor, étudiant la copie incomplète et sans nom d'auteur de la Bibliothèque nationale, était tenté de l'attribuer à Naudé ou à Pascal, tant il avait été séduit par la pureté et la puissance du style, la vaste érudition et la logique serrée de cette œuvre remarquable. Qu'aurait-il dit si, comme nous, il avait eu la bonne fortune de lire l'ouvrage entier, complet, revu, corrigé et signé par l'auteur? Nous avons le droit d'espérer que la Société des Bibliophiles de Guyenne offrira avant longtemps au public cette page étincelante de verve et d'esprit politique.*

Le manuscrit 830, décrit par M. Jules Delpit (Catalogue des manuscrits de la Bibliothèque municipale de Bordeaux, *t. I, p. 449*), *est un manuscrit*

[1] *Dans sa lettre du 28 février 1643, citée plus haut, l'abbé Machon annonce au Chancelier qu'il vient de terminer l'Apologie.* «J'ay faict et achevé depuis quelques mois un traicté de la » politique que j'intitule Apologie pour Machiavel, en faveur des » princes et des ministres d'Estat. » *Ce manuscrit, en deux volumes, dédié à* Monseigneur le chancelier Séguier *est aujourd'hui à la Bibliothèque nationale sous les* nos 19046, 19047. *Au même établissement se trouve un autre exemplaire de l'Apologie, mais incomplet (manuscrit 642, fonds de Béthune, mentionné par M. Artaud). Un troisième manuscrit, achevé au Tourne et dédié à* Monseigneur Arnaud de Pontac — *c'est la dédicace du manuscrit Séguier, les noms et les titres seuls ont été modifiés — fait partie de la collection de la Bibliothèque de Bordeaux.*

du XVIIe siècle, revêtu d'une reliure de l'époque, sur papier ordinaire et de l'écriture large et lisible de Machon, mesurant o^m201 sur 332. En tête de la première feuille de garde, le titre est ainsi rédigé : Catalogue des livres de la bibliothèque de monseigneur Arnaud de Pontac, conseillier du Roy en ses conseils, et premier président en son Parlement de Bourdeaux, etc. *Les 69 premières pages sont occupées par une épître dédicatoire et un* Discours en forme de Préface pour servir de Regle ou d'Advis aux bibliothécaires. *Une table des* Tiltres *et un* Advis au lecteur *précèdent le* Catalogue *qui comprend 635 pages chiffrées. A la suite se trouve la* Table alphabétique de tous les Autheurs nommés et rapportés dans le présent catalogue, soit comme autheurs des livres y mentionnés, soit comme interprettes, traducteurs ou commentateurs d'iceux pour les conestre et trouver plus facilement. *Vient ensuite, avec une pagination spéciale (de 1 à 9) un* Catalogue particulier des Rabbins et livres hébreux dont les Tiltres ont estés traduicts et dictés par monsieur Hierosme de Lopes, theologal et chanoine de Saint-André de Bourdeaux* (¹). Après la nomenclature des manuscrits (15 pag.) et la liste des livres du président de Pontac, qui se trouvaient dans la bibliothèque du premier président Arnaud de Pontac, son père (8 pages),*

(¹) *Jérôme de Lopez est l'auteur d'une Histoire de la cathédrale de Saint-André, dont une nouvelle édition sera prochainement publiée par les soins de M. l'abbé Callen, professeur à la Faculté de théologie de Bordeaux.*

*le manuscrit se termine par un essai de classification
chronologique des auteurs,* Authores juxta seriem
temporum. *Cet essai s'arrête à l'an 518 de Rome* (¹).

*A ses titres d'homme de lettres, de théologien,
d'historien, de pamphlétaire, l'abbé Machon pouvait
ajouter, sans crainte d'être taxé d'usurpation, la
qualité de catalogographe* (²). *Il avait fourni des
preuves éclatantes de sa compétence en cette matière
spéciale — qui lui inspirait une véritable passion —
avant d'entreprendre de mettre en ordre la rare et
nombreuse bibliothèque d'Arnaud de Pontac. Depuis
trente ans il s'occupait de cataloguer des livres, et
c'est d'après sa méthode, approuvée de plusieurs
critiques fameux et jaloux, et sous sa direction que
furent dressés les catalogues de la bibliothèque du
chancelier Séguier, du garde des sceaux Molé, de
M. l'abbé de Sainte-Croix, son fils, de M. Jassault,
maître des requêtes ordinaire de l'Hôtel du Roi et
de trois autres bibliothèques moins fameuses* (³).

(¹) *Si nous en jugeons par l'écriture, Machon ne serait pas
l'auteur de ce travail.*

(²) *La correspondance de Machon nous le représente aussi comme
un bibliophile distingué et justifie l'épithète de curieux de livres
que lui donne Guy Patin. Sa lettre à Séguier (n° 17374) nous
apprend qu'il possédait une bibliothèque de 3,000 volumes.* « Je
croiois que vostre bibliothécaire me donneroit quelques com-
missions en ces quartiers pour chercher parmy ces ruines de
quoy augmenter le grand nombre de vos beaux livres, mais
voiant qu'il nous croit si malheureux et si peu curieux que nous
ne puissions en fournir pas un, et que parmy 3,000 volumes
assés rares que je possède je ne puis dicerner ceux qui ne sont
point parmy les vostres..., etc.

(³) *Nous nous sommes demandé, et le lecteur se posera lui-même
cette question, si l'abbé Machon ne tenait pas ce goût et cette*

Aussi, lorsque le premier président Arnaud de Pontac voulut avoir un catalogue de ses livres, s'adressa-t-il au savant abbé; nous nous expliquons d'autant mieux ce choix que Machon habitait alors non loin de Bordeaux ([1]). *Fuyant les orages qui avaient si profondément troublé son existence, il avait trouvé un refuge dans une cure voisine de Langoiran. Ses anciennes relations avec la famille de Béthune lui ayant valu la protection d'Henry de Béthune, archevêque de Bordeaux* ([2]), *ce prélat l'avait appelé dans son diocèse et nommé curé du Tourne* ([3]).

aptitude particulière de M. Fray, son professeur de philosophie au collège de Boncourt, dont il suivait les cours en 1625 et 1626. Le savant docteur avait en effet traité l'importante et difficile question de l'ordre à établir parmi les livres d'une bibliothèque dans son ouvrage Via ad scientias discendas. *Il n'est donc pas impossible que, dans ses leçons, il en ait incidemment parlé à ses élèves; son ancien disciple cite cependant son système pour le combattre.*

([1]) *Nous ne pouvons admettre que l'abbé Machon ait rempli simultanément les fonctions de curé du Tourne et de bibliothécaire en titre d'Arnaud de Pontac. Il nous semble que la phrase de son Épître:* J'ay vu celle de Paris *(la bibliothèque de de Thou)* pour l'admirer, et puis, Monseigneur, que vous me confiés la direction de la vostre..., *etc., ne saurait être interprétée dans un sens absolu. Sa mission temporaire se borna — tout l'indique — à mettre en ordre les livres et à en rédiger le catalogue. S'il avait été spécialement attaché à la garde de la bibliothèque de Pontac, en bibliophile passionné il aurait inscrit lui-même les nouveaux volumes au fur et à mesure de leur entrée dans la collection jusqu'en 1673, époque à laquelle nous perdons ses traces.*

([2]) *Depuis le 20 novembre 1646.*

([3]) *Le fait suivant démontre suffisamment l'existence de ces relations. Le manuscrit de l'Apologie pour Machiavel (manuscrit 642, fonds de Béthune), étudié et décrit par M. Artaud, est revêtu d'une riche reliure en maroquin rouge aux armes de la famille de Béthune. Machon avait, sans doute, offert une copie de son ouvrage à un membre de cette famille qui lui avait fait les*

Il s'y était installé le 28 mars 1654. Les curés n'étant pas alors astreints à la résidence, l'abbé Machon put s'absenter tout le temps qu'exigea la tâche délicate à lui confiée par Arnaud de Pontac. Les registres de son église nous ont permis de constater qu'une de ses absences se prolongea de juillet 1658 au 18 septembre 1663 (¹). Le catalogue de Pontac ayant été terminé en 1662, c'est évidemment entre ces deux dates que le curé du Tourne mena son travail à bonne fin. Ceux qui sont au courant des soins minutieux que le bibliographe est obligé d'apporter à la rédaction d'un catalogue ne s'étonneront pas du temps que Machon y consacra, et, dans le cas actuel, le nombre des volumes, la variété des ouvrages à classer en augmentaient encore les difficultés. Cette collection embrassait l'universalité des connaissances humaines et répondait à l'opulence

honneurs d'un bel ornement par amitié pour l'auteur et par admiration pour son talent. — Tout le mauvais vernis jeté sur le curé du Tourne par les calomnies de ses ennemis et le triste éclat de ses mésaventures de polémiste s'efface au contact d'Henry de Béthune et d'Arnaud de Pontac. Comment douter de sa probité et de son orthodoxie quand nous le voyons admis dans l'intimité d'un personnage aussi universellement estimé et d'une religion aussi éclairée que celle du premier président de Pontac et couvert de la haute protection de l'archevêque de Bordeaux?

(¹) Les règlements ecclésiastiques prescrivaient — il est vrai — au curé de résider au milieu de ses paroissiens sans pouvoir s'absenter plus de deux mois, même avec la permission de l'évêque, à moins de graves raisons qu'il devait soumettre à son appréciation. Mais il arrivait fréquemment — le curé du Tourne en est un exemple — que l'évêque, oubliant la rigueur des règlements, usait d'une grande tolérance quant à leur application. En cas d'absence prolongée, le titulaire de la cure mettait à sa place un remplaçant auquel il abandonnait une partie de ses revenus.

et à la haute situation des Pontac dans notre province.

Dans sa Dédicace, Machon s'étend complaisamment, et avec raison, sur l'antiquité, l'illustration, les titres et les droits des Pontac, à l'estime non seulement de ceux qui placent les quartiers de noblesse au-dessus de tout, mais encore des savants et des amis des lettres. Cette famille, en effet, jouissait d'un grand renom : beaucoup de ses membres avaient figuré et comptaient encore parmi les premiers dignitaires de l'Église et des Compagnies souveraines de la Guyenne. Arnaud de Pontac, premier président au Parlement de Bordeaux ([1]), avait épousé Louise de Thou, fille de l'historien Jacques-Auguste de Thou et sœur de François-Auguste de Thou qui eut la tête tranchée à Lyon, en 1642, avec le grand écuyer Cinq-Mars. Ce mariage a permis à Machon d'affirmer que les Pontac étaient alliés au sang royal ([2]).

Aux privilèges de la naissance et de la fortune ils joignaient une réputation d'érudits bien justifiée. Arnaud de Pontac, qui fut nommé évêque de Bazas vers l'an 1570, après la mort de François de Balaguier, était une des lumières de l'Église de France et une des gloires de l'Aquitaine, a dit un de ses histo-

([1]) *Il avait remplacé le premier président Joseph Dabernet, en 1653.*

([2]) *A ses différents passages à Bordeaux Mlle de Montpensier logea chez M. le premier président de Pontac dont la femme est ma parente et sœur de M. de Thou, dit-elle dans ses Mémoires (Éd. Chéruel, t. I, p. 273; t. III, p. 378 et 486. Charpentier, Paris, 1866.)*

riens. Profondément versé dans les langues grecque et hébraïque, il avait donné un commentaire sur le prophète Abdias avec la version de quelques notes des Rabins sur les petits prophètes. Son édition de la chronique d'Eusèbe enrichie de notes et sa Chronographia, *suite et complément de la* Chronographie *de Génebrard* (¹), *jouissaient de l'estime des savants* (²). *Deux manuscrits, appartenant au président François-Auguste de Pontac :* Logica Pontaci, *in-4°;* Phisica Pontaci, *in-4°, et les* Harangues (³) *du premier président Arnaud de Pontac, nous prouvent que les neveux suivaient les nobles traditions de l'oncle et que le dire de Machon n'était pas une vaine flatterie.*

L'évêque de Bazas mourut le 4 février 1605, dans son château des Jaubertes, près de Bazas. Il laissa toute sa fortune, y compris sa bibliothèque, à son neveu Geoffroy de Pontac, président à mortier au Parlement de Bordeaux en 1616.

(¹) *Nous renvoyons les lecteurs désireux de se renseigner sur les relations et la collaboration de Génébrard et d'Arnaud de Pontac, évêque de Bazas, aux Notes intéressantes publiées par M. Jules Delpit dans les numéros de janvier et de février 1879 de la* Revue des Bibliophiles. (*Sauveterre-de-Guyenne, impr. Jean Chollet.*)

(²) *Voici les ouvrages du docte prélat que contenait la bibliothèque de son petit neveu :*

In Abdiam, Jonam et Sophoniam etc. Paris, 1566, in-4°.
Eusebii et Hieronimi et Prosperi Chronicon, cum commentis Arnaldi Pontaci Vazatensis Episcopi. Bourdeaux, 1604, in-f°.
Remontrance au Roy pour le clergé. 1579, in-8°
Lettre au sujet des Jésuites. 1594, in-12.
Chronographia de rebus gestis a Christo ad annum 1567. In-f°.

(³) *Bibliothèque de la Ville.* Catalogue des manuscrits, t. I, p. 391.

Arnaud de Pontac, fils du précédent, augmenta considérablement la bibliothèque de son grand oncle et en fit la collection hors ligne que nous révèle le catalogue. En 1662, lors de la rédaction du catalogue, elle comprenait 96 Bibles, Missels, Bréviaires et autres livres d'église; 75 volumes sur les Conciles généraux et provinciaux; 1,244 Pères grecs et latins; 20 Épistolaires; 856 volumes de jurisprudence; 13 volumes se rapportant aux Règles, Fondations, Statuts, etc., des couvents; 206 ouvrages de philosophie; 507 Humanistes grecs et latins; 308 Poètes de toutes langues; 68 traités d'Arithmétique, de Géométrie, d'Architecture, d'Astrologie, etc...; 1,277 Historiens sacrés et profanes; 164 traités de Médecine, d'Anatomie, de Chirurgie et de Pharmacie; 240 Politiques et livres d'État et 79 Lexiques, Calepins ou Dictionnaires — composant les 14 Tiltres du catalogue [1] *— en tout plus de 5,000 volumes, auxquels il convient d'ajouter 82 manuscrits et les 50 volumes ou manuscrits du président de Pontac* [2].

[1] Chaque Tiltre, lorsque le cas l'exige, se complète d'un catalogue particulier réservé aux ouvrages anonymes.

[2] De nouveaux livres et des manuscrits, au nombre de 2,660, vinrent enrichir la bibliothèque de Pontac après le mois de novembre 1662. Inscrits dans les interlignes et sur les marges du manuscrit de Machon d'une écriture qui nous est inconnue, il nous a été impossible, malgré tous nos efforts, de distinguer les ouvrages introduits dans la bibliothèque de 1662 à 1681, date de la mort d'Arnaud de Pontac, de ceux que M. Duplessis, conseiller au Parlement de Bordeaux, y ajouta depuis. Bien entendu le doute cesse relativement aux livres portant un millésime postérieur à 1681.

Ni le hasard ni le caprice n'avaient présidé à la réunion de ces livres, on ne les avait pas cherchés à l'aventure, en un mot ce n'était pas la bibliothèque d'un vulgaire amateur, d'un bibliomane. Nous sommes en présence d'un penseur, d'un philosophe chrétien, d'un érudit, et nous possédons, d'après ses auteurs préférés, la mesure exacte de l'esprit, du caractère élevé, du goût judicieux d'Arnaud de Pontac. Le grand magistrat est là tout entier. C'est bien l'homme dont le père mourut en défendant la cause royale pendant la minorité de Louis XIII et qui, abandonnant Bordeaux aux fureurs de la Fronde, se rendit à Agen où il continua à administrer la justice au nom de son roi; c'est l'orateur nourri du suc le plus pur de l'antiquité classique, l'auteur des belles harangues prononcées chaque année à la rentrée du Parlement. Aussi quelle suite incomparable de classiques grecs et latins dans sa bibliothèque! C'étaient ses livres de prédilection à en juger par la multiplicité de leurs éditions. Nous avons compté 8 éditions différentes d'Homère, 12 d'Horace annoté par tous les commentateurs, 5 de Martial, 9 d'Ovide avec les Métamorphoses traduites en vers français par Brassar, 8 de Plaute, 11 de Virgile, 7 des Commentaires de César, etc., dans tous les formats, depuis l'in-folio jusqu'à l'in-12, en passant par les formats intermédiaires (1).

(1) *Quelques-unes de ces éditions, sorties des presses de Plantin d'Anvers, de Simon Millanges de Bordeaux, des Aldes, de Robert Estienne, sont, aujourd'hui, d'une rareté insigne et seraient très disputées aux enchères publiques.*

Les deux langues espagnole et italienne étaient représentées par leurs grands et petits chefs-d'œuvre. Cervantès coudoyait le Tasse, Garcilaso de la Vega se rencontrait avec Boccace, le Pastor Fido de Guarini, les Métamorphoses d'Ovide traduites en italien et les Nuits de Straparole marchaient de pair avec la Vie de Lazaril de Tormes, la Picara Justina de Ubeda et Gusman de Alfarache. Que dire de la remarquable série d'ouvrages d'histoire, de géographie, de voyage, de philosophie, de jurisprudence, de droit coutumier, de médecine et de chirurgie, de mathématique, de cosmographie, des lexiques, calepins, dictionnaires et glossaires, et comment ne pas s'arrêter, frappé d'admiration, devant la vénérable phalange des Bibles, des livres d'Heures sur vélin, quelques-uns ornés de gravures et d'enluminures, des Bréviaires, des Missels, des Commentaires de l'Écriture sainte et des manuscrits tels que la Biblia sacra latina, *en vélin, in-fº;* les Sancti Pauli Epistolæ, *in-4º; un Missel en vélin du diocèse de Bazas, in-fº, fait en 1368; la* Schala devotæ animæ, *par Petrum du Sault, in-8º; le* Manuel ou Rituel romain, *en vélin, tiré de l'église de Lugos, diocèse de Bazas, in-4º, fait en l'an 1597; la* Grammaire et lexicon hébreux, *très bien écrit par Martin Darraing, chanoine de Saint-Seurin, en 1360, in-8º; le* Martirologium Burdigalense, *très ancien, in-4º; la* Chronica bona et compendiosa de Regibus Angliæ *in-fº; les* Harangues et lettres du Parlement de Bourdeaux, in-fº, *etc., qui faisaient de cette biblio-*

thèque une des plus complètes, des plus variées et des plus riches! Nos vieux romans n'y étaient pas oubliés. A côté des produits impérissables de notre langue, les Essais de Montaigne, *les œuvres de* Marot, *de* Régnier, *de* Corneille, *etc., nous rencontrons :* Ogier le Danois, Jean de Paris, les Prouesses de Mabrian *et les* Quatre fils Aymon. *Les Incunables contrastaient par leur grand âge avec les publications récentes et toute d'actualité fraîchement sorties des presses bordelaises :* Les Oraisons funèbres d'Henry de Béthune, archevêque de Bourdeaux, par Jérôme de Lopez, 1680, in-4°; — Suite du Virgile travesti de Scarron. Bourdeaux, 1674, in-12, *etc...* Parmi les vétérans de l'art typographique nous signalerons au lecteur une perle introuvable. C'est un in-folio en lettres gothiques, l'Arbre des batailles, d'Honoré de Bonnor, avec les grandes initiales peintes en rouge s. l. n. d., mais dont Brunet place l'impression vers 1480 à cause des caractères qui lui paraissent être ceux des éditions faites à Lyon chez Barthe-Buyer. Deux autres* Incunables : le Roman de Cleriadus et Meliadice, fille du Roy d'Angleterre. *Paris, 1495, in-4°, et* Chronicon mundi cum figuris, lettres gothiques, Nuremberg, 1493, in-f°, *ne sont pas moins curieux. Nous devons citer aussi, pour ne rien omettre, un certain nombre de pièces pour ou contre le jansénisme et les jésuites, quelques plaquettes politiques et satiriques du règne de Louis XIII et plusieurs Mazarinades.*

N'y a-t-il pas de quoi faire pâmer d'aise le biblio-

phile le plus froid, le moins enthousiaste? Et quel champ ouvert à l'investigation du bibliographe (¹)! *Afin de mieux fixer nos lecteurs sur l'importance de la bibliothèque de Pontac, notre intention était de placer à la fin de notre Notice une liste des livres les plus rares pris dans chacun des 14 Titres du catalogue de Machon, et de produire à la suite un choix d'ouvrages ajoutés à la bibliothèque après la rédaction du catalogue. Nous avons dû — pour ne pas grossir démesurément ce volume — renoncer à notre projet, en nous réservant toutefois de le mettre à exécution plus tard.*

Nous n'entreprendrons pas d'analyser le Discours en forme de Préface pour servir d'advis aux bibliothécaires, *discours que* personne n'avait encore tanté, ni projeté. *Il nous était aussi facile de disserter sur la* Bibliothèque universelle *de Conrad Gesner, la* Bibliotheca selecta *de Possevin ou le* Rosetum spirituale *de Jean Mabun que d'établir un parallèle entre*

(¹) *L'exemple ci-après donnera une juste idée des précieux renseignements que contient le catalogue de Machon. Selon Brunet, la plus ancienne édition que l'on connaisse de la 1ʳᵉ partie de l'Astrée, d'Honoré d'Urfé, est celle de 1610. Paris, Jean Micard ou Toussaint-Quinet.* « *Mais, ajoute-t-il, un passage des* » *Mémoires de Bassompierre raconte qu'au mois de janvier 1609,* » *Henri IV, tourmenté par une attaque de goutte, se faisait lire* » *toutes les nuits le livre de l'Astrée déjà en vogue. Il doit donc* » *exister une édition de 1608 dont on ne connaît pourtant aucun* » *exemplaire.* » *Or, au* Titre XII *du catalogue nous lisons la mention suivante :* H. d'Urfé. L'Astrée. Paris, 1607. 5 vol. in-8°, *qui nous prouve que l'édition dont on ignorait l'existence était de 1607 et non de l'année suivante. — Outre les informations de cette importance, le catalogue nous fournit les titres de beaucoup d'ouvrages que l'on chercherait en vain dans Brunet et Quérard.*

la méthode de Machon et celle de Fray, de Naudé et des autres bibliographes qui se sont essayés à formuler des Advis *pour bien dresser le catalogue d'une bibliothèque.* Mais nous avons préféré laisser au lecteur le soin de décider de la supériorité du système de l'abbé Machon sur ceux de ses devanciers, bien convaincu que notre réserve sera mieux appréciée que notre érudition, dont le moindre inconvénient aurait été d'enlever au Discours en forme de Préface une partie de sa fraîcheur et de sa nouveauté. Qu'il nous soit permis seulement de signaler l'originalité de l'œuvre inédite que la Société des Bibliophiles de Guyenne offre au public. La matière traitée, quoique l'auteur lui-même la qualifie de stérile et de peu agitée, ne manquera pas d'intérêt aux yeux des bibliophiles, et tout le monde, au surplus, sera séduit par la correction du style, la verve pétillante, la logique, la netteté des idées, toutes ces rares qualités qui ont fait attribuer la prose de l'abbé Machon à l'auteur des Provinciales. La justification de la prééminence qu'il accorde aux Conciles sur les Pères de l'Église et le Pape pris isolément, par la raison que l'Église réunie est seule infaillible, et sa conclusion tendant à établir une étroite concordance entre les libertés de l'Église gallicane et les anciens canons de l'Église et les enseignements de la théologie achèveront de le peindre comme un gallican déterminé.*

Si l'abbé Rive a pu se vanter de découvrir une ânerie (c'est son expression) dans chacun des 5,000 articles du catalogue des livres les plus précieux du duc de La Vallière, dressé par Guillaume Debure et Van Praet, on ne s'étonnera pas des imperfections que renferme le catalogue de Pontac. « Rien de plus » facile à faire qu'un mauvais catalogue, rien de » moins facile que d'en faire un bon, » a dit M. Paul Lacroix. Encore que celui de Machon réunisse les conditions essentielles exigées par l'homme d'études, plus facile à contenter que le bibliophile, c'est-à-dire la simplicité, la clarté et la méthode, nous y relevons des lacunes regrettables. Ainsi il n'indique jamais les noms des imprimeurs et des éditeurs; les titres des livres sont toujours en abrégé; il mentionne rarement l'âge connu ou présumé des manuscrits, passe sous silence le nombre des pages, et la description matérielle des volumes — s'ils sont reliés ou brochés — fait complètement défaut. S'il parle des figures et des cartes, il reste muet sur les reliures (1). Mais n'oublions pas que sans le catalogue de Machon il ne nous aurait pas été permis d'exhumer la bibliothèque de Pontac, un des ornements de la Guyenne. Et, considération importante — que nous présentons comme une atténuation à nos critiques — ce catalogue n'ayant pas été rédigé en vue d'être publié, l'auteur avait

---

(1) *Nous n'avons trouvé dans ce volumineux catalogue que la description de trois reliures. Un in-12, renfermant Horace, Juvénal et Perse, relié en maroquin plein or. Un in-8° de Chesneau,* Orpheus Eucharisticus *en emblesmes et figures. Paris, 1659, maroquin plein or et le Nouveau Cabinet des Muses, de Lamathe, Paris, 1658, in-12, maroquin doré. Deux volumes seulement l'Histoire de France, de du Haillan, et De Antiquitatibus Judaicis et bello Judaïco, de Josèphe, sont accompagnés de la mention : lavé, réglé et grand papier.*

cru devoir négliger les détails que nous regrettons et se borner aux indications indispensables pour faire connaître les livres de la bibliothèque et en rendre la recherche plus facile à leur possesseur.

Cette collection, qui à la fin du siècle dernier était non seulement intacte, mais encore considérablement augmentée (¹), devait subir le sort des bibliothèques les plus célèbres. Après la mort du premier président Arnaud de Pontac, arrivée le 26 avril 1681, elle passa entre les mains de son fils François-Auguste de Pontac, président aux Requêtes du Palais au Parlement de Bordeaux, qui mourut en 1694 sans enfants. A défaut de ligne directe, les collatéraux furent appelés à partager sa fortune. C'est ainsi que la fameuse bibliothèque devint alors la propriété de Louis-Arnaud Lecomte, fils de Jean Lecomte, seigneur de La Tresne, et de Marie-Anne de Pontac, fille du premier président Arnaud de Pontac (²). Le

(¹) *Depuis 1662 elle s'était accrue de 2,660 volumes qui se répartissent dans les différents Titres du catalogue dans la proportion suivante : 43 Bibles, Missels, livres d'église, etc...; 8 Conciles généraux, etc...; 321 Pères de l'Eglise...; 2 Epistolaires; 473 Jurisconsultes; 6 Fondations, Règles, Statuts, etc...; 150 Philosophes, etc...; 342 Humanistes, etc...; 343 Poètes latins, grecs, français, etc...; 174 Mathématiciens; 81 Médecins; 620 Historiens; 97 Politiques et livres d'État. En tout 2,660 volumes imprimés ou manuscrits.*

(²) Du samedy, 4 juillet 1671. — A esté baptisé Louis Arnault Lecompte, fils naturel et légitime de messire Jean Lecompte, seigneur de La Tresne, chevalier, conseiller du Roy en ses conseils et président au Parlement, et de feue Marie-Anne de Pontac, son espouse, de la paroisse de Saint-Eloy, parrain messire Arnault de Pontac, chevalier, conseiller du Roy en ses conseils et premier président au Parlement, son ayeul maternel, marraine dame Anne Lecompte, veuve de messire Bernard

*petit-fils de l'illustre magistrat ne conserva pas long-
temps le plus beau joyau de la succession de son oncle ;
car le 15 septembre 1707, M. Duplessis, conseiller
au Parlement de Bordeaux, s'en rendit acquéreur.
Un des héritiers de ce dernier vendit à son tour la
bibliothèque à Bergeret aîné, libraire à Bordeaux,
qui l'a revendue en détail* ([1]). La bibliothèque de la
Ville renferme trois ou quatre cents volumes ornés
de l'inscription* Ex libris Arnaldi de Pontac.

En terminant, nous tenons à exprimer tous nos
remerciements à M. Raymond Céleste, le sous-biblio-
thécaire de la Ville, à qui nous devons nos renseignements les plus intéressants sur l'abbé Machon et
dont l'inépuisable obligeance a rendu notre tâche
aussi facile qu'attrayante.

DASPIT de SAINT-AMAND.

Bordeaux, 20 mai 1881.

Douzon de Bourran, vivant conseiller du Roy audit Parlement
Nasquit le 12ᵉ septembre 1668 à 8 heures du soir.

Signé : DE PONTAC,
Anne LECOMPTE LATRESNE.

(Extrait du Registre des Baptesmes *faits dans l'église métropo-
litaine de Saint-André de Bordeaux, l'an 1671.* Archives
municipales.)

([1]) *A la mort du premier président Arnaud de Pontac les livres
de sa bibliothèque furent inventoriés avec le reste des meubles de
sa maison, par Mᵉ Étienne Parran, notaire royal. Mᵉ Pierre-
Augustin Giron, autre notaire royal à Bordeaux, procéda à un
second inventaire des mêmes livres après le décès de M. Duplessis,
conseiller au Parlement.*

DISCOURS

EN FORME DE PRÉFACE

pour servir

DE REGLE OU D'ADVIS AUX BIBLIOTHECAIRES

PAR

Louis MACHON

Curé de la paroisse du Tourne en 1662

———

MONSEIGNEUR,

De tous les chemins qui conduisent à la gloire je
n'en void point de plus certain ny de plus assuré que
celuy des Lettres, parce qu'il est suivi de tous ceux
qui y pretendent, et que l'Église, la Robbe et l'Espée
en font la baze et le fondement de la renommée qu'elles
se bastissent. Les papes les plus fameux trouvent leur
réputation dedans leur doctrine, plustôt que dans
leurs dignités; les empereurs et les plus grands guer-
riers ont cru s'immortaliser davantage avec leurs
plumes et leurs livres qu'avec leurs sceptres et leurs
armées; et tant de rares magistrats font conestre encore
aujourdhuy que sans leurs escripts et leurs estudes
particulières, on ne sauroit pas les biens qu'ils ont
fait à leurs patries, ny les obligations que le monde
leur en a. De quelque costé que l'on panche pour
donner à un seul ce qui est destiné à un chacun, vous
pourriés y pretendre de touttes parts, Monseigneur,

puisque l'histoire nous apprend qu'il y a plus de cinq
cent ans que les Pontac portent le nom d'une ville,
qui se glorifie encore de ce tiltre (¹); que l'Eglise en a
parmy ses évesques et ses prelats les plus considerables, et que les conseils de nos Rois, les Parlements
et Compagnies souveraines de la Guienne apres tant
de presidens, de maistres de requestes, et de conseilliers
qu'ils ont donné de vostre maison (²), s'en conservent encore des chefs et des premiers presidens qui
gouvernent presentement et le Parlement et la Cour
des Aides et le Bureau des Finances de toutte ceste
Province. Ce n'est point assés, Monseigneur, d'avoir
tant d'avantage dans la meilleure Noblesse, ny d'estre
allié mesme au sang roial comme vous estes (³); non
plus que d'exercer les premières charges dans la
justice; il faloit qu'un nom si célèbre que le vostre
parut encore dans les bibliothèques et parmy les
sçavans pour estre reveré par tout, comme il est connu
partout. On void les ouvrages de vos predecesseurs et
sur l'Escripture saincte, et sur l'histoire; et avec tant
de doctrine et de solidité qu'ils persuadent facilement
que l'hebreux, le grec et les langues estrangères leurs
estoient aussi communes et aussi familières, comme
ils sçavoient s'en servir et en instruire les aultres. Et
comme si vous n'estiés né que pour aimer les sciences,
aussi bien que les posséder, vous avez joint une

<hr>

(¹) Pontacq, chef-lieu de canton (Basses-Pyrénées).
(²) Voyez la *Chronique d'Etienne de Cruseau*, publiée par la
Société des Bibliophiles de Guyenne.
(³) Voyez ci-dessus page 53.

maison sçavante avec une aultre sçavante en vous
alliant avec celle de Thou qui n'est pas moins illustre parmy les nobles que recommendable parmy les
doctes et les plus intelligens. Il estoit donc bien juste
de donner la petite-fille d'un Premier Président du
Parlement de Paris à celui qui estoit destiné de l'estre
en celuy de Bourdeaux; et la fille de ce doublement
Auguste (¹) de Thou, ne pouvoit attendre que le
nepveu d'Arnaud de Pontac, plus celebre par ses
escripts que par son évesché (²), affin de joindre tant
de lettres, tant de noblesse, tant de charges éminentes
et tant de vertus ensemble. Et, après ceste union des
corps celle de l'esprit, et deux bibliothèques aussi
celebres que ceux qui les possèdent (³). J'ay vu celle
de Paris pour l'admirer, et puis, Monseigneur, que
vous me confiés la direction de la vostre, pour com-
mencer à vous donner quelque marque du soing que

(¹) Il faut pardonner à l'abbé Machon ce jeu de mot d'un goût
plus que douteux. Les *concetti* étaient encore de mode et gâtaient
les meilleures pages de nos grands écrivains.

(²) Voyez ci-dessus page 53.

(³) Le lecteur commettrait une singulière méprise si, donnant
une fausse interprétation à la pensée de Machon, il entendait par
l'union des deux bibliothèques leur réunion. La bibliothèque, ou
une partie de la bibliothèque de J.-A. de Thou ne fut jamais
réunie à celle de son gendre Arnaud de Pontac. Le petit-fils de
J.-A. de Thou, l'abbé de Samer-aux-Bois et de Souillac, pressé
par le besoin — son père était mort ruiné — vendit en 1679 la
célèbre collection, qui fut achetée, presque en totalité, par le
président de Charron, marquis de Menars. La Bibliothèque du
Roi acquit le reste. Jusqu'à ce moment elle resta intacte en la
possession des de Thou. Les beaux livres qui la formaient ne
furent dispersés qu'après la vente faite en 1789 au libraire Lamy
par les Rohan, héritiers du prince de Soubise.

j'en veux prendre et de la passion que j'ay pour ces sortes d'emplois, voicy un petit discours, touchant l'ordre et la méthode qu'il fault suivre pour faire et dresser le catalogue d'une bibliotheque, que je donne au public sous vostre nom; et ce d'aultant plus volontiers que personne n'a encore laissé aucune regle sur ce sujet, et que je crois estre le premier qui aura tracé un plan aussi difficile et aussi different dans les esprits, qu'il est important et necessaire. Puisque les bibliothèques sont plus communes que jamais et qu'elles commencent à faire l'ornement principal des maisons aussi bien que l'honneur et la satisfaction de ceux qui les font et qui les conservent, il est bien raisonnable ce me semble de sçavoir non seulement comme il fault les ranger, mais encore en dresser le mémoire et le catalogue, affin qu'on puisse conestre ce que l'on garde si precieusement, rencontrer promptement les livres dont on veult se servir, et contenter la curiosité de ceux qui manient plus facilement un petit volume que cinq ou six mille, et souvent davantage, qui font peur quand il fault en parcourir le tier ou le quart pour en trouver quelqu'un. Les raisons que je rends dans le discours suivant de l'ordre que j'ay gardé en dressant le vostre, feront que je n'en desduiray aucune en cest endroit, et que je me contenteray seulement de vous supplier, Monseigneur, de jetter les yeux sur ce premier eschantillon de mes services, que je croiray tousjours tres glorieux pour moy quand je sçauray qu'ils vous aggreent, avec les obeissances inviolables que vous debvez attendre

Monseigneur, de vostre très humble, très obeissant, et très obligé serviteur.

MACHON.

A Bourdeaux
En vostre hostel(¹), ce 12 novembre 1662.

(¹) Le luxe qu'on avait déployé dans l'hôtel de Pontac, bâti par Mansard, lui valut la dénomination de *Maison Daurade* (maison dorée). Mlle de Montpensier, dans le passage de ses Mémoires que nous avons déjà cité (octobre 1650), dit que le *logis* des Pontac était *fort beau et fort magnifique*. Son témoignage s'accorde avec la tradition locale qui nous apprend, en outre, que l'hôtel appartenait, depuis longtemps, à la famille de Pontac. En effet, la *Chronique d'Étienne de Cruseau* (t. II, p. 128) raconte que le dimanche 20 novembre 1611, messire de Pontac, sieur d'Anglade, trésorier de France en la généralité de Bordeaux, fut assassiné à trente pas de la porte de sa maison, *située dans la grand rue du Chapeau-Rouge en la praesent ville entre les huict et neuf heures du soir*. La Maison-Daurade existait encore en 1794. Elle fut démolie pour faire place à la rue des Piliers-de-Tutelle et à une rue adjacente, la rue de la Maison-Daurade à laquelle elle a donné son nom.

DISCOURS

EN FORME DE PRÉFACE

SUR

L'ORDRE TENU ET OBSERVÉ DANS LA SUITTE DES TILTRES
ET LA DIVISION DE CE CATALOGUE

POUR SERVIR DE RÈGLE AUX BIBLIOTHÉCAIRES ET AUTRES
QUI EN VEULENT FAIRE ET DRESSER.

———

Aprés une recherche très exacte et très laborieuse
des autheurs qui auroient escript de l'ordre et de la
façon qu'il fault faire et dresser le catalogue d'une
bibliothèque, et n'en aiant trouvé ny par mes soings,
ny par la diligence de quantité de sçavans que j'ay
communiqué sur ce sujet, qui aient expressement
escript sur ceste matière ; mais quelque peu qui en ont
parlé comme en passant dans les prefaces de leurs
livres ; je me suis hazardé, et pour la satisfaction de
mes amis et pour rendre raison au seigneur pour
lequel j'entreprend cest ouvrage, d'exposer les motifs
qui m'ont porté à suivre l'ordre que j'ay tenu dans la
distribution de sa rare et nombreuse bibliothèque, et
celuy qui se trouve dans le catalogue que je luy en ay
fait et dressé suivant les 14 tiltres cy-aprés rapportés,
lesquels ont chacun leur ordre alphabétique pour le
discernement des sciences, et puis à la fin une table
generale de la mesme façon pour la conessance des
autheurs compris et rapportés dans iceluy.

Il est vray que nous avons quelques escrivains qui ont donné des advis pour bien dresser une bibliotheque, mais point ou peu que je sache qui aient marqué l'ordre qu'il fault tenir pour en faire le catalogue, et le rediger en la manière qu'il doibt estre. Ce default d'instruction m'a fait consulter quantité d'amateurs des bons livres et d'aultres personnes illustres pour sçavoir comme ils disposoient les leurs et comment je pourrois ranger ceux-cy sur le papier pour la facilité de ceux et qui les possedent et qui voudroient s'en servir. Ils m'ont ouverts leurs sentiments et fait voir ce qu'ils en avoient escript pour eux; les uns par l'ordre des temps, les aultres suivant celuy des sciences et la plus part tous les autheurs pesle-mesle par table alphabetique.

Oultre ces conférences reitérées et fort souvent contestées, j'ay veu nombre de ces catalogues escripts à la main et imprimés et entre aultres la bibliothèque de Conradus Gesnerus (¹) qui est par ordre alphabétique, comme chacun sçait; avec ses *pandectes* ou partitions générales, qui est l'ordre et la distribution des livres et des autheurs rapportés dans sa bibliothèque lesquels il divise et partage en 21 tiltres oultres les subdivisions qui s'y rencontrent dont il fait autant de classes particulières.

(¹) Conrad Gesner, né à Zurich en 1516, mort en 1565, fut tour à tour maître d'école, médecin et professeur de grec. Il avait à peine vingt-cinq ans lorsqu'il commença à ramasser les matériaux de son grand ouvrage de bibliographie qu'il publia en trois ans 1545-48, sous le titre de *Bibliothèque universelle*. Sa vaste érudition lui valut le surnom de Pline de l'Allemagne. La bibliothèque de Pontac possédait ses œuvres, entre autres ses *Pandectæ seu partitiones* et son *Histoire des animaux* en 4 vol. in-f°, avec figures sur bois.

Et pour le soulagement du lecteur et luy representer
en mesme temps les ordres principaux qu'on nous a
laissé sur ce sujet, je rapporteray fidellement les
publiques qui sont venus en ma connessance, affin
de faire conestre dans un mesme plan de ceste matière
peu commune, le peu de conformité qu'il y a parmy
ces grands hommes qui veulent donner des Loix à
tous les aultres, sans en recepvoir pour eux.

Voicy donc la suitte des Tiltres comme nous les
trouvons dans Gesnere.

1 *De Grammatica et philologia.*
2 *De Dialectica.*
3 *De Rhetorica.*
4 *De Poetica.*
5 *De Arithmetica.*
6 *De Geometria, Opticis et Catoptricis.*
7 *De Musica.*
8 *De Astronomia.*
9 *De Astrologia.*
10 *De Divinatione licita et illicita et magia.*
11 *De Geographia.*
12 *De Historiis.*
13 *De Mechanicis.*
14 *De Naturali Philosophia.*
15 *De Metaphisica et gentilium theologia.*
16 *De Morali philosophia.*
17 *De Œconomica philosophia.*
18 *De Politica civili et morali.*
19 *De Jurisprudentia.*
20 *De Re medica.*
21 *De Theologia christiana.*

Encore que c'est autheur celebre ne rende aucune
raison de cest ordre dans ses préfaces ou il est desduit,
il semble neantmoins qu'il veule icy distribuer ses
livres suivant les aages des hommes et la manière

qu'ils ont accoustumé de suivre pour apprendre les sciences dont le fondement est la Grammaire, puis la Dialectique qui enseigne à raisonner, la Rhétorique qui en est la practique parfaitte, la Poésie le divertissement, l'Arithmétique l'utilité puisqu'elle tend au calcul du bien et des possessions qu'un chacun peut avoir, qui est une des premières marques qui rend l'homme raisonnable, si nous en croyons le divin Platon qui dit dans le dialogue qu'il appelle *Epimenides*, que l'homme n'est le plus sage des animaux qu'à cause qu'il sçait compter et nombrer, science qu'il met au rang des divines et contemplatives; ce que l'Apocalipse semble confirmer quand elle dit, chap. 13, vers. 18, *numerus hominis est*. Que le nombre est le propre de l'homme, comme une action de raisonnement.

Mais je ne comprend pas pourquoy la Géométrie, l'Optique, et la Musique en suitte, puisque ceste dernière principalement est un art qui s'apprend plus tost dans la jeunesse que dans un tems plus avancé.

Oultre que la Théologie, qu'il met au dernier rang et à la fin de tous ses tiltres, est pour touttes sortes d'aages puisqu'il y fait entrer le catechisme et la plus familiere, aussi bien que la scholastique, et la plus sublime, qui est la contemplative. De plus, la Philosophie suit pour l'ordinaire la Rhétorique et specialement la Morale contre l'ordre cy-dessus, puisque c'est la maistresse des mœurs, et celle qui nous fait discerner le bien d'avec le mal, et la façon de laquelle il fault vivre avec honneur et probité en quelque aage et condition qu'on se rencontre.

Dauantage de separer si fort la Medecine d'avec la Philosophie naturelle, mettant celles-cy au tiltre 14 et l'aultre au 20 qui est le penultieme auprès de la Théologie. Je ne void pas pourquoy, tant à cause que personne ne conteste que : « Ubi desinit phisicus, ibi incipit medicus », qu'à cause que ceste profession est toute ensevelie dans la Philosophie naturelle, comme la Philosophie naturelle dans la Medecine, ny plus ny moins que la partie dedans son tout.

De mettre la Theologie des païens dans la Métaphisique, plustôt que dans la Theologie des chrestiens dont il fait une classe à part et la dernière, c'est un ordre aussi particulier que peu suivi ; puisque la Theologie en general comprend la vraie et la fausse tout ensemble ; oultre qu'estant deux opposés on ne peult conestre l'un sans descouvrir l'aultre, veu mesme que c'est la vérité de la saincte et de la solide, qui fait parestre l'erreur et la vanité de l'aultre.

De plus, pourquoy la jurisprudence apres la politique, puisque celle-là est la guide des hommes, celle qui luy descouvre les ordres d'une vie réglée, et luy monstre les peines qui sont detis à ses crimes ; au lieu que l'aultre ne semble s'appliquer qu'à la police generale, n'y s'attacher qu'au gros des villes, des provinces et des estats, ou les hommes se doibvent trouver instruicts et non à discipliner.

Après cela, deux grands volumes si beaux et si laborieux me font croire qu'ils sont plus tost faits pour peupler une grande et bonne bibliothèque, que non pas pour y apporter un ordre facile, ny en dresser un catalogue qui en descouvre les volumes, et en face trouver les livres avec la presence et la facilité qu'on se promet de ces ouvrages, ou chacun croit mieux reussir que son compagnon, quoyque tous differens et dissemblables en leurs regles et leurs methodes.

Si l'ordre de Gesnere, semble trop diffus, tant à cause de ses tiltres, que pour les subdivisions qu'il leur donne, le jesuite Possevin (1), en sa Bibliothèque choisie, qu'il appelle « *Bibliotheca selecta* », semble un peu restrein quand il reduit au chapitre dernier du livre premier, un si grand nombre de volumes, et une bibliothèque remplie de touttes sortes de sciences dans sept tiltres en l'ordre qui s'en suit :

1. Les Bibles, les Pères, les Théologiens scholastiques, les Sermonaires, les Sinodes, l'Histoire ecclesiastique, les Annales, les Chronologies, les Bulles des Papes, les Casuistes et le Droit Canon.
2. Les Philosophes et tous les livres qui en despendent, comme la Morale, les Naturalistes, la Dialectique, la Metaphisique, Mathematique, Geometrie, Arithmetique, Musique, Astronomie, Cosmographie, Geographie, les Mechaniques et ceux qui traittent des poids et mesures.
3. Les Medecins, Chirurgiens, etc.
4. Les Jurisconsultes.
5. L'Histoire prophane.
6. Les Orateurs, Poetes et Grammairiens.
7. Les Livres meslés et qui parlent de choses différentes qu'il appelle : *Universalia sive Enciclia; thesauri; apparatus; bibliothecæ; Dictionaria; etc.*.

C'est avec regret que je ne puis souscrire le sentiment d'un si grand homme en ce rencontre, parce que je ne puis comprendre, non plus que demeurer d'accord comme quoy et les Scholastiques et l'Histoire ecclésiastique, et de plus le Droict Canon puissent faire un

____

(1) Antoine Possevin, jésuite, né à Mantoue en 1534, mort en 1611. Il était représenté dans la bibliothèque de Pontac par plusieurs de ses ouvrages, parmi lesquels nous remarquons la *Bibliotheca selecta de ratione studiorum*. Cologne, 1607, 2 vol. in-f°. La première édition avait paru à Rome en 1593.

mesme corps et une mesme classe dans une grande et nombreuse bibliothèque, puisque dans les moindres on met les bibles à part, comme un livre qui n'entre en comparaison avec pas un aultre; et en suitte les Conciles, comme les plus authentiques, après les Bullaires et les Sinodes, puis les Pères et les Inter-prettes, le Droict Canon sous un mesme tiltre avec le Droict Civil quoyque distingué et séparé dans les tablettes qui luy sont destinées ; comme aussi l'Histoire ecclésiastique en d'aultres et la prophane en suitte, l'Histoire estant tousjours histoire de quelque matière qu'elle escrive, oultre que l'une parle ordinairement de l'aultre et qu'elles sont plus divisées par le nom que par la chose, tesmoing les Annales ecclésiastiques de Baronius où les Rois et les Empereurs font les til-tres et le sujet du livre, aussi bien que les Papes et les grands Prélats. Dans le second tiltre, pourquoy les Cos-mographes et Geographes avec les Philosophes, puisque faisant partie de l'Histoire et la plus exacte, ils doibvent trouver place dedans son lieu, et estre posés dedans le cinquieme tiltre qu'il reserve à l'histoire prophane seule, par un ordre aussi particulier que peu suivy et practiqué, laissant au lecteur et à ceux qui se cones-sent en ces sortes d'ouvrages d'examiner et de prononcer sur ceste methode de ranger une bibliotheque.

La Croix du Maine ([1]) dans ses desseins ou projets presentés à Henry III, en l'an 1583, pour dresser une bibliotheque accomplie, sur la fin de sa Bibliotheque

([1]) François Grudé de Lacroix du Maine, en latin *Crucimanus*, bibliographe français de la fin du xvi⁰ siècle. Sa *Bibliothèque françoise*, in-f⁰, fut publiée à Paris chez Abel l'Angelier en 1584. Rigoley de Juvigny en donna une seconde édition (1777, Paris, 6 vol. in-4⁰) augmentée des remarques de B. de La Monnoye, Bouhier et Falconnet.

françoise, luy propose cent bufets ou tablettes qui n'ont que quattre rangs ou quattre planches de haulteur lesquelles il a fait graver dans son livre, pour mettre en chacune d'icelles, à ce qu'il dit, cent volumes, qui seront dix mille en tout, divisés par livres, chapitres, caiers et lieux communs reduits par ordre alphabetique qu'il n'observe pas luy-même. Adjoutant dans son épistre au Roy qu'il ne fault que pour deux cent escus de livres en chaque buffet et qu'il a vingt-cinq ou trente mille caiers de collections differentes.

Mais comme il est plus facile d'admirer cet ordre trop vaste et trop confus, que de le mettre en practique, je laisse aux studieux de le considerer, et de s'en servir si bon leur semble, s'ils ont assés de place et de caiers pour distinguer ou confondre plutôt, et leurs livres et leurs collections de la sorte.

Oultres les ouvrages de ces experts et de ces sçavans, nous avons un grand et ample catalogue des livres qui se trouvent dans la foire de Francfort, imprimé de l'an 1592, in-4°, par l'ordre de George Villery (¹), qui les distribue de la sorte qui suit, et chaque tiltre par ordre alphabetique :

1. Les Bibles.
2. Les Nouveaux Testamens.
3. Les Pères, les Interprettes et les Theologiens.
4. Les Jurisconsultes.
5. Les Medecins.
6. Les Historiens, Chronologistes et Geographes.
7. Les Philosophes.
8. Les Poetes.
9. Les Musiciens.

Qui est plus tost le Catalogue d'un marchant libraire qui veult vendre ses livres en les faisant conestre, que

(¹) *Catalogus librorum Villeri, etc.* Francfort, 1592, in 4°.

celuy d'une bibliothèque qu'on veult mettre en bon ordre avec son catalogue.

M. Frey (1), doien des philosophes de l'Université de Paris, et sous lequel j'eus l'honneur de faire ma philosophie es années 1625 et 1626, dans le collége de Boncourt, parlant, dans un sien traitté qu'il appelle : « Via ad scientias discendas », de la façon qu'il fault ranger les livres d'une bibliothèque dit (part. 4, quest. 4) que : « In primo ordine sint artes viliores et abjectiores; et tam artes quam artium authores ordine litterarum Alphabeti sunt collocandi; verbi gratia, qui de Rethorica scripserunt, in capsula seu cellula R; qui de Anatomia, in cellula A, et sint cellulæ artium secundum litteras Alphabeti; in illis, Authores, ordine literarum collocentur, verbi gratia : in nido litteræ R esto Rethorica; jam ordine Alphabetico authores Rethorices collocentur, ut in I. Isocrates, in R. Ramus, in F. Freigius, etc. »

Touchant ce premier advis, on void comme la practique en est impossible, parce que s'il y avoit autant de tablettes que d'arts, de sciences et de professions, il en faudroit une infinité suivant ceste methode; par exemple : une pour la Réthorique, une aultre pour l'Anatomie, une pour la Medecine, une pour le Droict et ainsi des aultres qui seroient sans fin; et faudroit de plus que ces tablettes eussent 19 ou 20 planches ou rangs de suitte l'un sur l'aultre en haulteur, pour placer en la première les autheurs dont les noms commencent par A, dans la seconde ceux qui commencent

<hr>

(1) Jean-Cécile Fray, docteur en médecine et professeur de philosophie, mort en 1631. Auteur de plusieurs opuscules en vers et en prose. Jean Ballesdens a publié deux recueils des œuvres de Fray sous le titre de *Opera* et *Opuscula varia*.

par B et ainsi des aultres autant qu'il y a de lettres en l'alphabet, sans y comprendre les anonimes qui doibvent y trouver leurs places dans un rang et une tablette a part, ou il faudroit une salle, ou une gallerie près de trente pieds de hault, et d'une longueur à perte de veüe, voire pour les bibliothèques médiocres, ce qui ne se trouve point dans les bastiments ordinaires, pas mesme dans les palais des princes.

Ce mesme autheur continuant à nous donner ses advis adjoute, que, « in scientiis hic est ordo, 1° Collocentur authores scientiarum. 2° Ipsorum commentatores ordine sæculorum. 3° Controversiæ. 4° Impugnatores. 5° Novatores. Et hi omnes non ordine alphabetico, sed ordine sæculorum quibus vixerunt. In quacumque lingua scripserunt, si fieri potest, habendi sunt, quocumque genere dicendi scripserint. Tandem particulæ scientiarum ordine Alphabetico sunt collocandæ, verbi gratia, in phisica, si quis scripserit tantum de anima in littera A, si de cœlo, in littera C, etc. Quod si sint authores qui miscellanea scripserint, in unum locum sunt conjiciendi, indico opposito rerum alphabetico de quibus tractant. Frey ibidem. »

Quant à cest ordre second, je le trouve encore plus confus et moins facile à practiquer que le premier, parce qu'il luy est entièrement contraire, en ce qu'il veult que les autheurs y soient rangés par ordre alphabetique, ce qu'il deffend en ce postérieur. De plus comment placer leurs commentateurs suivant les temps qu'ils ont vescu, puisqu'ils sont très souvent inconnus, et que la plus part de ces escrivains pour l'ordinaire sont si peu considérables qu'on ne s'en informe pas seulement. De dire qu'on le peult sçavoir par la datte de leurs espistres liminaires, ou le milliaire des imprimeurs, il est vray, si ces choses se rencontroient régulièrement dedans les livres qu'on nous donne; mais comme elles y manquent très souvent comment les pouvoir deviner? De plus, si ces livres sont réimprimés plusieurs fois, quelle certitude aux dattes qui s'y trouvent? Que s'ils n'ont esté donnés au public que des siecles entiers après la mort de leurs autheurs dont ils ne font mention quelconque, comment la rencontrer? Que s'il y a des noms supposés et des temps affectés comme on void tous les jours, qui descouvrira la vérité dans ces mensonges faits à plaisir?

Davantage, s'il faut encore en venir à ceste subdivision de les placer suivant les matières qu'ils traittent, et ce par ordre alphabétique, comme l'ordonne ce grand philosophe plus capable de faire des livres que de les ranger, il faudra séparer les œuvres d'Aristote, de Plutarche, d'Hippocrate et de Gallien en autant d'endroits qu'ils ont de volumes ou de traittés particuliers; ceux d'Albert le Grand de mesme; de St-Thomas, d'Averoez, d'Erasme, de Cardan, de Lipse, de Tiraqueau, de l'évesque de Bellay et ainsi de tant d'aultres qui ont escript sur touttes sortes de matières et dont les livres sont séparés en autant de volumes que de questions différentes. Si bien que cest ordre plus confus que pas un aultre, ne peult servir de model en ce lieu, mais seulement de tesmoignage pour monstrer le soing que j'ay pris de m'instruire en cecy et de consulter ceux qui ont escript devant moy.

Nous avons la practique d'un grand et celebre catalogue, qui est celuy de la bibliotheque de feu

Monsr des Cordes, mais sans aucune raison ny justification de l'ordre qu'on a tenu à le dresser, ne sachant si on a voulu donner ses tiltres et sa methode pour un model achevé et les régles qu'on doibt tenir en tous les aultres. Et avant qu'en dire mon sentiment j'en rapporteray icy les tiltres, comme des aultres, suivant qu'on nous les a laissés très bien et très curieusement imprimés.

1. *Biblici scriptores.*
2. *Theologi.*
3. *Bibliothecarii.*
4. *Cronologi.*
5. *Geographi.*
6. *Historia Ecclesiastica.*
7. *Historia generalis.*
8. *Historiæ græcæ.*
9. *Historiæ romanæ.*
10. *Historiæ Italicæ.*
11. *Historiæ Franciæ. Et les aultres.*
12. *Virorum illustrium vitæ.*
13. *Rei militaris scriptores.*
14. *Juris civilis scriptores.*
15. *Concilia. Juris canonici et politicæ ecclesiasticæ scriptores.*
16. *Philosophi, Mathematici et Medici.*
17. *Politici.*
18. *Litteratores. Oratores et Poetæ.*

Sans m'estendre davantage sur le mauvais ordre que je trouve dans la suitte de ces livres et la distribution de leurs tiltres, je soustiens avec justice ce me semble que les bibliothecaires qui font le troisieme tiltre en debvoient faire le dernier, comme la table, l'abbrégé et le racourcy de touttes les sciences en general, en quoy il auroit imité le sçavant et laborieux Possevin qui finit sa bibliotheque, véritablement choisie, par une liste et catalogue à part des Dictionnaires, Lexicons, Concordances, Calepins grecs et latins et Bibliothecaires qui sont la clef et l'ornement des meilleures bibliotheques. C'est le chapitre dernier du 18 et dernier livre *Bibliothecæ selectæ*.

De mettre les chronologistes et geographes devant l'Histoire ecclesiastique, je crois que c'est contre l'ordre le plus ordinaire puisque de touttes les Histoires, l'Ecclesiastique est tousjours estimée la plus noble et la premiére, au moins entre les chrestiens.

Pourquoy separer les escrivains qui parlent de la guerre d'avec l'Histoire ou les Politiques, puisqu'ils ne font qu'une partie de l'une ou l'aultre de ces sciences?

Ne pouvant non plus deviner quelle consideration a pu porter l'autheur de ce fameux catalogue a placer les Conciles dans un quinziéme tiltre avec les Canonistes, aprés des simples Théologiens qu'on met au second rang, et aprés tant d'historiens profanes qui les precedent; qui est renverser les catalogues les plus communs et les plus ordinaires, sans rendre aucune raison d'un ordre qui paroit plus bigeard *(sic)* que judicieux, ny suivi de qui que ce soit. De joindre de plus les Médecins avec les Philosophes et Mathematiciens, c'est prendre des mesures qui ne se rencontrent point dedans cest art, et qui ne peuvent trouver d'appuy dans une conduitte raisonnable. Par ainsi j'ose dire, avec la liberté qui doibt accompagner ceux qui cherchent l'ordre et la vérité, que ce catalogue est sans suitte aucune ny methode quelconque qui puisse faire trouver les livres qu'on y cherche et qu'il contient; et qu'il n'a quoy que ce soit qu'une confusion perpetuelle, puisqu'il ne suit ny l'ordre des temps, ny celui des sciences et moins encore l'alpha-

betique qui semble le plus ordinaire et le plus facile
de tous.

Le sieur Naudé (¹), qui a esté bibliothécaire du
cardinal Mazarin, et depuis de la reine de Suède,
parlant dedans l'advis qu'il a donné au public de la
façon qu'il faut dresser une bibliotheque, dit en la
Section 7 de son livre, que M. Frey appelle « aureum
libellum », dans le traitté sus allégué, qu'il fault
mettre les bibles les premières suivant l'ordre des
langues, par après les Conciles, Sinodes, Décrets,
Canons, et tout ce qui est des constitutions de l'Église,
d'aultant qu'elles tiennent le second lieu d'authorité
parmy nous. En suitte les Pères Grecs et Latins, et
après eux les Commentateurs scholastiques, Docteurs
meslés, Historiens et finalement les Hérétiques.
Adjoutant dans la page 139 de ce mesme livre qu'il
trouve à propos d'avoir un lieu dans la bibliothèque
pour mettre les livres qu'on achepteroit pendant six
mois, au bout desquels on les rangeroit avec les aultres, chacun en leurs places. Et dans la page 158
concluant cest advis, il dit que le plus nécessaire seroit
de faire deux catalogues de tous les livres contenus
dans la bibliothèque, en l'un desquels ils fussent si
précisement disposés suivant les diverses matières et
facultés que l'on put voir et sçavoir en un clin d'œil
tous les autheurs qui s'y rencontrent sur le premier
sujet qui viendra en fantaisie, et dans l'aultre ils
fussent fidellement rangés et réduicts sous l'ordre
alphabetique de leurs autheurs, pour satisfaire aux

(¹) Gabriel Naudé (1600-1653) fut successivement le bibliothécaire des cardinaux Bagni, Barberini, Mazarin et de la reine
de Suède. Il a condensé ses rares connaissances bibliographiques
dans l'*Advis pour dresser une bibliothèque*.

curieux qui desirent de lire particulièrement touttes les œuvres de certains autheurs.

Encore que cest ordre soit le plus clair, le plus net et le plus methodique de tous, je ne puis m'empescher neantmoins de m'estonner pourquoy ce fameux escrivain veult qu'on attende six mois pour placer des livres qu'on peut ranger au mesme temps qu'on les possède. Il seroit à souhaiter que ce docte et sçavant bibliothecaire se fut un peu plus estendu sur cest ordre et sur la façon de faire régulièrement le catalogue de la bibliotheque qu'il inspire et qu'il conseille.

Jean Mabun, qui est l'autheur du *Rosetum spirituale*, avoit une methode bien plus courte puisqu'il ne divise touttes les bibliotheques qu'en trois classes et chefs principaux, scavoir : de la Morale, des Sciences et de la Devotion suivant ce verset du Psalmiste : « Disciplinam, Bonitatem et Scientiam doce me, » psal. 118, vers. 66. Cest ordre est plus propre à un contemplatif qu'à celuy qui réduit en acte et en practique un grand nombre d'autheurs et des livres de toutes sortes de sciences.

Dans la Bibliotheque Ambroisienne, à Milan et quelques aultres celebres, tous les livres sont peslemesle et indifferemment rangés suivant l'ordre des volumes et des chiffres, et distingués seulement dans un catalogue où chaque tome se trouve sous le nom de son autheur. Je conois deux sçavans et fameux medecins à Paris qui observent ce mesme cahos dans leurs bibliotheques qui ne sont pas peu considerables.

Tous ces ordres differens, touttes ces methodes particulieres et tous ces projets de catalogues entierement dissemblables, oultre le grand nombre de ceux que j'ay veu dans les meilleures bibliotheques du Roiaume,

se reduisant à trois sortes, les uns par l'ordre des temps,
les aultres suivant celuy des sciences, et la pluspart tous
les autheurs pesle-mesle et confusément par table
alphabetique; après les avoir bien examinés et atten-
tivement considérés, il fault demeurer d'accord avec
les plus expérimentés et mieux sensés, que celuy qui
se fait par la chronologie est ordinairement confus et
plus remply de ratures que de lignes approuvées et
non contestées; parce que ceux qui parlent des temps
que ces autheurs ont vescu sont souvent contraires en
leurs calcules, les uns s'attachant à leurs naissances, les
aultres remarquans leurs morts et d'aultres les années
qu'ils ont escript et fleury comme une circonstance
historique et nécessaire à la vérité qu'ils desbitent. Et
encore qu'on put dresser celui-cy avec toutte l'exacti-
tude possible, je le trouve neantmoins aussi peu satis-
faisant à celuy qui s'en veult servir, qu'à celui qui le
fait, puisqu'il porte cette necessité avec soy d'avoir
dans sa memoire la suitte et la cronologie d'une infinité d'autheurs pour les trouver promptement dans ce
catalogue, ce qui est comme impossible et d'une estude
fascheuse et peu necessaire en ce rencontre, parce
qu'elle s'oublie ou se confond très facilement.

L'aultre qui se compose par ordre alphabetique sans
distinction d'autheurs, ny de sciences, donne verita-
blement une conessance facile et générale des livres
qu'on possède, mais non pas des sujets ny des matières
dont ils parlent, qui est quasi le contentement le plus
ordinaire et le plus present de ceux qui en ont; leur
satisfaction principale estant de conestre en mesme
temps s'ils sont riches, par exemple, en Pères de
l'Église, s'ils ont grand nombre d'historiens et de politiques, s'ils possedent beaucoup de medecins et de

philosophes et ainsi des aultres, ce qu'il ne sçauroient dicerner dans ce catalogue alphabetique, quand mesme ils conestroient tous les autheurs qu'ils ont chacun en leur espèce, pour ne les avoir pas sous des tiltres séparés.

Le troisieme qui se distribue par l'ordre des sciences sous divers tiltres particuliers et chaque tiltre par ordre alphabetique, semble bien le plus facile et le plus commode ; mais il a ses difficultés et ses embaras aussi bien que les deux aultres ; premièrement parce que les gousts et les sentimens des hommes sont si differens que les uns veulent qu'un livre se rapporte sous une science et les aultres sous une aultre ; tesmoing le jésuite Pineda qui, parlant de la phisionomie dans son livre « *De Rebus Salomonis* » (¹), lib. 6, cap. 4, num. 1, dit qu'elle doibt estre placée dans la philosophie et non parmy les Medecins, parce que : « phisiognomia est philosophiæ pars, quæ ex corpore, oculis, vultu, fronte, naturas, moresque hominum pernoscere profitetur, quam sapientes viri regulam a natura datam putant ad investigandas animi affectiones. » Et Nicquet, jésuite aussi, dans son traité : « De phisionomia humana, » lib. 1, cap. 1, num 2, » semble la partager entre la médecine et la philosophie quand il dit que : « Si quis omnia diligentius animo collustret, despiciat que sedulo, profecto plus in philosophiam, quam in medicinam, hanc nobilem phisionomiæ facultatem universam advertet, aut saltem, tum philosophiæ, tum medicinæ collimitium. » Et un peu après : « Tempe-raturarum, quibus corpora fermentantur perplexas rationes, penitus exploratas habere debet, qui phisio-

____

(¹) *De Rebus Salomonis Regis.* Lyon, 1609, in-f°. (*Catalogue de Pontac : Les Pères, etc.*)

nomiam pro dignitate profitetur; » monstrant au chapitre 4 qui suit, num. 2, combien ceste science est absolument necessaire à un medecin. En quoy il semble se conformer au sentiment de Suétone, qui, jugeant des mauvaises mœurs de l'empereur Caligula par les règles de la médecine et de la physionomie, dit de luy, au chap. 50 de son histoire, qu'il estoit : « pallido colore, corpore enormi, gracilitate maxima cervicis et crurum ; oculis et temporibus concavis, fronte lata et torva ; capillo raro, ac circa verticem nullo, hirsutus cætera, vultus natura horridus, etc. » Touttes ces marques et ceste façon de raisonner pour conestre une mauvaise inclination par les temperamens du corps, sont-elles pas plus tost de medecine, que d'une philosophie estroitte, si ce n'est que l'on veule comprendre touttes les sciences sous celle-cy qui est appellée l'Amour de la Sagesse, « Amor Sapientiæ, » et definie « cognitio rerum per causam ut sunt, » qui est les envelopper et confondre touttes sous un mesme nom et rappeller tant de distinctions si belles et si necessaires à un principe commun et sur un fondement general ; comme St Augustin a voulu faire les passions, soustenant qu'il n'y en avoit qu'une, qui est l'Amour, et que touttes les aultres, et la haine mesme qui luy est si contraire et si opposée, ne tiroit sa source qui est si trouble et si envenimée que de celle-cy qui est toutte pure et si remplie de douceur.

Pour monstrer encore plus fortement comme les jugemens des hommes sont peu conformes en ce qui est du rapport des sciences les unes avec les aultres, et de la difference et distinction qui doibt estre entre elles, il ne fault que considerer ceux qui parlent de la cabale comme d'une espece de magie, ou quelque chose de surnaturel, sans estre d'accord entre eux, si c'est un art, ou une science, parce que les uns soustiennent que c'est une conessance universelle qui penettre dans toutte sorte de philosophie soit divine, humaine ou naturelle et « omnium rerum cognitionem non more aliarum scientiarum tractans de illis rationibus, argumentis, et disputationibus, sed per numeros, figuras ac simbola », comme remarque Faber dans le docte et curieux traitté qu'il a fait contre les Athées (¹): Disputat. 1, cap. II, num. 236 où il observe de plus au nombre 240 que Pic de La Mirandole, en la question quatrieme de son Apologie, veult que la cabale mesme dont nous parlons, soit une science de nombrer, qui est l'ancienne philosophie des Pithagoriciens, Platoniciens et aultres; ce que Faber ne peut approuver ny souscrire, soustenant que: « Cabala proprie dicta, est intelligentia legis divinæ datæ a Deo Moïsi, cum manifestatione omnium misteriorum et secretorum, quæ sub cortice et rudi facie legis continentur, quia Moïses duplicem legem a Deo in monte accepit, scilicet litteralem, et spiritualem autem ex præcepto Dei non scripsit, sed solum 72 senioribus et sapientibus communicavit ore tenus; atque eis præcepit, ut sic solis sapientibus successoribus ore tenus traderent successive: ex quo modo tradendi per successionem istam scientiam, adeptæ est nomen cabalæ, nam cabala apud Hæbreos idem est, quod apud nos receptio: unde scientia cabalæ, idem est quod scientia receptionis, seu traditionis. » Ce qu'Antoine Le Roy en son Floretum philosophicum, semble confirmer quand il dit: « Verbo

(¹) Faber, *De Dei nomine et attributis*. Paris, 1588, in-8°. *(Catalogue de Pontac : les Pères.)*

cabala, quod cabala fuit antiquissima Hæbreorum disciplina, ab ipsis ore tantummodo, seu viva voce, quasi per manus tradita et recepta; unde ipsorum philosophi ac theologi dicti sunt cabalistæ, nec non sacræ traditiones in hoc usque tempus invaluere.» Et de tous ces sentimens differens touchant ce seul mot, que peut on resoudre aultre chose sinon que les Theologiens ont leur cabale, les Philosophes la leur, les Magiciens la leur, les Contemplatifs la leur, les Mathématiciens et ceux qui donnent tout aux nombres la leur; de sorte que ce mot en general ne desnotte aucune science en particulier, mais seulement le livre ou le traitté qui se donne sous ce tiltre et ce nom, soit de magie, soit de theologie, soit des traditions rabinesques, soit de la medecine et ainsi des aultres.

Encore que ceste difficulté soit comme inevitable dans touttes sortes de catalogues, j'ay suivi neantmoins ceste troisieme methode, divisant tous les livres sous quatorze tiltres differens, dont il y en a onze par ordre alphabétique, les aultres trois n'aiant pu y estre reduits, comme les Bibles et les Conciles qui ne sont que deux noms particuliers, imprimés en diverses sortes de langues et de volumes, et le dernier qui comprend les Dictionnaires et les Calepins en general comme un sommaire de touttes les sciences; quoyque ceux qui regardent la Theologie soient rapportés suyvant leurs ordres parmy les Theologiens; ceux qui sont pour le Droict, parmy les Jurisconsultes; pour les Belles-Lettres, dans les Humanistes; pour la Medecine, au rang des Medecins, et ainsi des aultres.

Et pour oster ces doubtes, et trente aultres de ceste nature, vous aves à la fin de ce catalogue une table alphabetique de tous les autheurs nommés et rapportés

dans iceluy, soit comme compositeurs des livres y
mentionnés, soit comme interprettes, traducteurs ou
commentateurs d'yceux, pour les conestre et trouver
plus aisement. Ce qui est fait et pour le soulagement
de ceux qui entendent les livres et les matières dont
ils parlent, et la facilité des aultres qui ne sçavent que
les noms des autheurs et non les sujets et les questions
qu'ils traittent.

Pour en venir à la demonstration, et rendre la chose
plus facile et plus presente à nos yeux, apres avoir
rapporté les tiltres et la division des aultres, je veux
bien exposer les miens icy de la mesme façon, qui sont
à la teste de ce catalogue, comme l'ordre, les gros [*sic*],
et l'abbrégé d'iceluy. Dans le premier donc sont :

1. Les Bibles, les volumes particuliers et separés de la
   Bible, les Messels, Breviaires, Heures, Prieres et
   livres d'Eglise.
2. Les Conciles generaux et provinciaux, les Sinodes
   particuliers, les Capitulaires, Constitutions apostoliques et Bullaires, les Collecteurs de Decrets et
   Canons ecclesiastiques.
3. Les Pères Grecs et Latins, les Interprettes et Commentateurs de la Bible, les Theologiens hérétiques,
   Controversistes et livres de Devotion.
4. Les Epistolaires tant sacrés que prophanes qui regardent l'Histoire, ou la police de l'Eglise et de l'Estat.
5. Les Jurisconsultes, Canonistes et Casuistes, les Cous-
   tumiers generaux et particuliers, et livres qui traittent des sorciers et magiciens.
6. Les Fondations, Règles, Statuts, Privilèges et Constitutions de divers ordres et religions, des Colleges,
   Congregations, Hospitaux, Seminaires et aultres
   communautés tant séculieres que régulieres et mili-
   taires.
7. Les Philosophes scholastiques et moraux.
8. Les Humanistes Grecs, Latins, François et aultres.

9. Les Poetes Grecs, Latins, François, Espagnols, Italiens et aultres.
10. Les Mathematiciens, Peintres, Sculpteurs, Architectes, Arithmeticiens, Astrologues et livres de fortification.
11. Les Medecins, Anatomistes, Chirurgiens, Apothicaires, Herboristes, Naturalistes et Phisionomistes.
12. Les Historiens tant sacrés que prophanes en touttes langues, les Chronologistes, Geographes, Cosmographes, Medales, Sacres, Mariages, Entrées des Villes, Enterrements et Romans.
13. Les Politiques et livres d'Estat.
14. Les Concordances, Lexicons, Calepins, Dictionnaires, Glossaires, Ethimologistes, Nomenclateurs, Indices et Bibliothecaires en touttes langues.

Et fault remarquer que tous ces tiltres depuis le troisieme qui sont les Pères, etc., jusques au dernier qui sont les Dictionnaires, sont chacun par ordre alphabetique comme nous avons déclaré cy-devant.

Par ainsi, après avoir produit les ordres des aultres et celuy que je practique dans tous les catalogues que j'ay dressés, ce n'est pas assés pour moy, ny pour ceux qui verront ce discours, d'avoir rendu raison, pourquoy de ces trois sortes de catalogues, j'ay plus tost suivy la derniere que les deux aultres, ou pour mieux dire, des deux plus faciles et mieux receues en [ay] composé celuy-cy pour le rendre plus utile et plus commode à mon advis; mais il fault encore que je descouvre les motifs qui m'ont porté à distribuer les tiltres comme ils sont et leur donner la suitte ou ils se trouvent et se rencontrent.

Personne ne conteste que les Bibles, soit en gros, soit en destail, les Messels, Breviaires, Heures, Prières et aultres livres d'Eglise qui en sont tirés, ne tiennent le premier rang dans touttes sortes de catalogues, parce que ce sont les Livres des Livres, les depositaires des Loix et des volontés de Dieu, les Oracles qui sousmettent les rois et leurs sujets, les grands et les petits, les scavans et les ignorans, la source de nos sacrifices, le modele de nos devotions et le principe et le fondement de touttes sortes de religions, encore qu'il n'y en ait qu'une bonne et veritable.

Je fais suivre pour Tiltre Second, les Conciles generaux et provinciaux, les Sinodes particuliers, les Capitulaires, Constitutions Apostoliques, Bullaires, Collecteurs de Decrets et Canons ecclesiastiques, comme fragmens et parties de ces mesmes Conciles, a cause que je les crois les plus saincts, les plus forts et les plus authentiques après la Bible qui est l'Escripture Saincte.

Et parce que quelques uns de ceux avec qui j'ay conféré de cest ordre, m'ont soustenu et opiniastré que le Tiltre suivant qui sont les Peres et les Commentateurs de la Bible debvoient précéder celuy cy ou sont les Conciles, je veux pour leur satisfaction et la mienne particuliere leur declarer les raisons qui m'ont fait les desadvouer en ce rencontre, et préférer mon sentiment en cest endroit seulement aux advis qu'ils m'ont donné pour me persuader une chose que je n'ay pu suivre ny approuver.

Premierement, parce que c'est une vérité constante que les Conciles ont plus de poid et plus d'authorité qu'aucun Pere, ny aucun Docteur en particulier quel il puisse estre, ny quelque dignité qu'il puisse avoir ny posseder dans l'Eglise puisque : « Ad concilium universale praecipuè pertinet definire qui Liber sit Canonicus, nec post Concilii sententiam ullus relictus est dubitandi locus, » comme enseigne après tous les theologiens Melchior Canus, lib. 2, « De Locis Theologicis ([1]) » cap. 7. « Quia solius est universalis Ecclesiæ definire ac denunciare quodnam scriptum sit verè, et certè canonicum, » dit Holden, « De resolutione fidei, lib. I, cap. 5, lectio I, » ce qui fit dire longtemps auparavant au pape St Gregoire, Epistol. lib. I, Epistol. 24, sur la fin, que : « Sicut Sancti Evangelii quatuor libros, sic quatuor Concilia suscipere et venerari me fateor; Nicænum scilicet, Constantinopolitanum, Ephesium primum et Chalcedonense, tota devotione complector, integerrima approbatione custodio; quia in his velut in quadrato lapide, sanctæ fidei structura consurgit. » Et au grand St Augustin, en son livre contre l'evesque Manicheen, chap. 5, « quod ego Evangelio non crederem, nisi me Ecclesiæ catholicæ commoneret authoritas, » qui sont les Conciles et toutte l'Eglise en général.

Et encore que l'Escripture Saincte ne tire point sa force, ny son authorité des Conciles : « Neque eam tamen habet sine Ecclesia, » comme remarque Servius, « In apparatu Evangel. cap. 38, num. 3, » ou les peres ny les evesques en particulier n'ont pas ce pouvoir, parce qu'ils sont tous singuliers, escrivans d'eux-mesmes et sujets a faillir en ceste qualité; outtre que l'infaillibilité de l'Eglise est dans les Conciles et non pas au Pape seul, et moins encore aux aultres prélats comme enseigne toutte la Theologie.

Gregoire de Tours remarque dans son Histoire, livre 10, chap. 18, que, dans la primitive Eglise : « Episcopi judicabant causas fidei ex sola sacra scriptura, reliquas autem Disciplinæ Ecclesiasticæ disci-

---

([1]) Melchior Canus. *De Locis Theologicis.* Louvain, 1569, in-8°. (*Catalogue de Pontac : les Pères,* etc.)

plinæ, quæstiones, ex canonibus, non Papæ, sed
Ecclesiæ, hoc est ex Conciliis. » Qu'ainsi ne soit le
decret de Gratian qùi est comme un abbrégé et une
compilation de ces canons, est appellé Decretum (¹)
purement, simplement, où les Decretales et constitutions des papes sont qualifiées extravagantes : « Quasi
vagantes extra Decretum » et ne sont prises que pour
raisons et non pour décisions dans nostre Eglise
Gallicane qui ne les reconoit, et ne les admet en façon
que ce soit, quand elles desrogent et sont contraires
aux anciens canons de l'Église, ce qu'elles ne font que
trop souvent : « Quoniam constant ex novis decre-
talibus, quasi novi pontifices, augendæ et ampliandæ
jurisdictionis suæ causa invenerunt », comme remar-
quent tous les jurisconsultes françois et particuliére-
ment le sçavant Du Moulin, « contra parvas datas »,
pag. 152-153 (²).

Cela posé comme un fondement véritable en voicy
encore un aultre, sçavoir : que les livres des Pères
quels ils soient ne sont de la foy, comme les Conciles :
«Quia revelationes omnes privatorum quorumcumque,
etiam sanctissimorum hominum, quibus aliquando
non mediocris pars Ecclesiæ fidem adhibet, ab hoc
canone, seu catalogo (qui sont les livres de la Bible)
excluduntur, » comme enseigne le docteur Holden, au
lieu sus allégué, livre I, chap. 5, lectio I, parce,
dit-il, au commencement de la leçon suivante qui est
la 2. « Quod nullus singularis scripturarum interpres

(¹) Gratien, bénédictin de Bologne, réunit, en 1151, les
Décrétales d'Isidore Mercator, évêque de Badajoz, et celles que
les papes y avaient ajoutées. Son recueil est appelé, dans le droit
canonique, le *Décret.*
(²) Carol. Molinæi *Opera omnia.* Paris, 1625, 3 vol. in-f°, et
Contra parvas datas etc... Lyon, 1552, in-4°...

infaillibilis est; quia est turbida quædam, aut cupida
mentis dispositio, quæ frequentissimè impedit homines quosdam, etiam in cæteris perspicaces, veritates
evidentissimas et manifestissimas intelligere; horum
quidem culpa est, quod perversa mentis caligine
præoccupati, veritates quas vident non intelligunt.
« Qua propter, dit-il un peu après sur la fin de ce
chapitre 5, certitudo privatorum quorumcumque, et
singularium hominum etiam undequaque doctissimo-
rum et sanctissimorum non sufficit ad articulum fidei
catholicæ fundamentum. »

Villanicentius qui est un aultre docteur religieux
de St Augustin, dans le traitté qu'il a fait : « De
ratione studendi in Theologia, lib. 4, cap. 5, observa-
tio I, » parlant des Interprettes de l'Escripture Saincte,
dit que nous debvons croire : « homines illos fuisse
carne circumdatos, nostri similes, qui cum multis
labi potuerunt, et re vera lapsi sunt, ut ex penitentia
docet. » St Hierosme parlant de soy-mesme dans ses
commentaires sur le prophète Michée, cap. 2, dit :
« Exposui juxta quod mei ingenioli patiebantur angus-
tiæ ; si quis autem in lege Domini diè ac notè medita-
tus majus habuit studium, potest de præsenti capitulo
probabilius aliquid dicere, non invideo, non aspernor,
quin potius cupio ab eo discere quod ignoro etc. »

St Augustin oultre le livre de ses retractations parle de
soy avec la mesme submission en son Epistre 7 à Mar-
cellinus où il fait ceste declaration : « Ego fateor me ex
eorum numero esse conari qui proficiendo scribunt, et
scribendo proficiunt ; unde si aliquid vel incautius, vel
indoctius a me positum est, reprehendatur; quod nec
mirandum, nec dolendum est, sed potius ignoscendum
atque gratulandum ; non quia erratum est, sed quia

improbatum ; nam nimis perversè se ipsum amat, qui et alios vult errare, ut error suus lateat. » Puis, parlant des escripts des aultres, il dit dans son Epistre 19 à St Hierosme : « Alios autem ita lego ut » quantalibet sanctitate, quantave doctrina præpol- » leant, non ideo verum putem quod scripserunt, » quod ita senserunt, sed quia mihi, vel per alios » authores canonicos, vel probabiles rationes, quod a » veritate non abhorret, persuadere potuerunt. »

Nous donnons véritablement grande authorité aux Pères quand ils nous monstrent la vérité; mais quand eux-mesmes s'en esloignent, non seulement nous les quittons et les abandonnons, mais aussi nous les condemnons et desadvouons justement. Combien en voions nous qui ont erré, non seulement dans les choses problematiques, mais encore dans les points les plus importans de la Religion. Tertulian, Irenée, Victorin, Papias, Lactance, Methodius et quantité de sçavans après eux, ont souscript à l'erreur des Chiliastes ou Millenaires sectateurs de l'hérétique Cerinte, lequel expliquant à sa mode ce verset de l'Apocalipse : « Regnabunt cum illo mille annis, » disoit que les fidèles debvoient regner avec Jesus-Christ pendant mille ans en touttes sortes de voluptés sur la Terre, avant le jugement universel, ce que l'Eglise condemne comme une hérésie formelle et honteuse. Le mesme Tertulian rejette les secondes nopces et les qualifie d'adultère, pour empescher sa femme de se remarier après sa mort, et satisfaire à sa jalousie par son erreur. Il veut pareillement que l'ame vienne des parens, « ex traduce, » comme celle des animaux et des bestes bruttes, ce que St Augustin et quantité d'aultres ont cru avec luy. Pamelius qui est un de ses commentateurs, le plus illustre, fait un grand denombrement des erreurs et des hérésies qui se trouvent dans ses escripts si puissans et si avantageux d'ailleurs.

S¹ Irenée, S¹ Justin, S¹ Clement, Lactance, Origène, Prudence, S¹ Ambroise, S¹ Chrisostôme, Theodoret, Theophilacte, Aretus, Occumenius et quantité d'aultres ont escript et soustenu que pas une ame n'entreroit en Paradis qu'après le jugement universel lorsqu'elle seroit reunie avec le corps. Origene en l'homélie 3 sur le psalme 36, dit que S¹ Pierre et S¹ Paul ont ressenti le feu du Purgatoire ; voicy ses propres termes : « Ut ego arbitror omnes nos venire necesse est ad illum ignem ; etiam si Paulus sit aliquis, vel Petrus, venit tamen ad illum ignem ; sed illi tales audiunt, etiam si pertranseas flamma non aduret te ; si vero aliquis mei similis peccator sit, veniet quidem ad illum ignem sicut Petrus et Paulus, sed non transibit sicut Petrus et Paulus. » Et sur la fin du 8. livre de ses commentaires sur l'Epistre aux Romains, il adjoute : « Qui vero verbi Dei et doctrinæ evangelicæ purificationes spreverit, tristibus et pœnalibus purificationibus se ipsum reservat, ut ignis gehennæ in cruciatibus purget, quem nec apostolica doctrina, nec evangelicus sermo purgavit. » S¹ Ambroise est de ce mesme sentiment, quand il escript sur le psalme 118 que : « Oportet omnes transire per flammas, sive ille Joannes Evangelista sit, quem ita dilexit Dominus, ut de eo dicat ad Petrum, sic eum volo manere, quid ad te ? Tu me sequere : de morte ejus aliqui dubitaverunt, de transitu per ignem dubitare non possumus. » S¹ Hilaire a passé bien plus avant sur ce mesme psalme 118. Disant qu'il fault qu'un chacun passe par le feu du purgatoire, mesme la saincte Vierge, en suitte de quoy il s'escrie :

« Et si in judicii severitatem capax illa Dei Virgo ventura est, desiderare quis audebit a Deo judicari? » qui est ruiner la feste de son Assomption et condemner toute l'Eglise qui la fait avec tant de veneration, si on veult croire ceste opinion.

S¹ Hierosme est accusé, voire blasmé de plusieurs de ce que disputant avec trop de zèle et de chaleur contre les hérétiques Vigilantius et Jovinianus : « Sacræ scripturæ sententias quasdam, ad suum institutum pertraxerit, cui minus serviebant. » S¹ Cyprian soustient dans le Concile de Cartage, qu'il faloit rebaptiser les enfans des hérétiques, mettant toutte la force du baptesme en la personne du prestre et non en la vertu du sacrement, ce qu'il fist souscrire à 70 evesques qui estoient avec luy; opinion qui depuis a esté condemnée d'hérésie, chaque particulier, et homme et femme, pouvant baptiser validement en cas de nécessité.

S¹ Gregoire, pape, en son Epistre, « ad Augustinum Canthuariensem archiepiscopum; » et Gregoire III après luy en son Epistre « ad Bonifacium episcopum, » enseignent formellement que si une femme vient à estre malade en ce poinct qu'elle ne puisse rendre le debvoir conjugal à son mary, « maritus quidem aliam » uxorem ducere potest, ea lege tamen, ut subsidii » opem priori conjugi non subtrahat », ce qui est directement contraire à la loy evangelique.

Melchior Canus, « in Locis Theologicis, lib. 6, cap. 1, » remarque que Jean XXII enseigna publiquement que les ames des bienheureux ne jouiroient de la vision, ny de la presence de Dieu qu'après le Jugement universel; en suitte de quoy il deffendit de passer aucun docteur en Sorbonne qui seroit de sen-

timent contraire. Celestin III declara : « Quod cum
» alter conjugum labitur in hæresim dissolvitur matri-
» monium, » ce qui est entièrement opposé à la doctrine
de St Paul.

Alexandre III a soustenu que si après un mariage
contracté et non consommé, on en contracte un
second que l'on consomme, ce dernier est bon et
invalide le premier, qui est un erreur qui choque les
loix de Dieu et la police des hommes.

On feroit un très grand volume de ces sortes d'erreurs, puisqu'il y a peu de Peres qui n'aient leurs
tâches, et Sixtus Senensis en rapporte de si estranges,
et en si grand nombre dedans sa Bibliothèque saincte,
de nom seulement, qu'il y en a cent et cent qui font
horreur en les lisant. Scot ([1]) et Durand de Saint-
Portien ([2]) s'etudient autant et plus a censurer et
contredire St Thomas qu'à chercher les vérités qu'ils
luy contestent. Catharin, docteur jacobin, nous a
laissé un volume entier des erreurs qui se trouvent
dans les œuvres du cardinal Caietan ([3]) si célèbre
dans son ordre et parmy les sçavans, disant hardiement
contre ce grand prélat que : « tot peccata admisit,
quot verba penè effudit. » Et neantmoins c'est un

([1]) Jean Duns Scot, philosophe scolastique, né vers 1275, en
Écosse. Religieux de l'ordre des Franciscains, il fut l'adversaire
de saint Thomas d'Aquin. La querelle entre les *Scotistes* et les
Thomistes fut très vive.

([2]) Guillaume Durand de Saint-Pourçain, de l'ordre des Frères
prêcheurs, devint évêque du Puy en 1318, et de Meaux en 1326.
On le surnomma *Doctor resolutissimus.* Il combattit le sentiment
de Jean XXII sur la béatitude des élus avant le jugement.

([3]) Thomas de Vio, dit Cayetan, du nom de Gaëte, sa patrie.
Il fut nommé cardinal en 1517. La Faculté de théologie de Paris
condamna ses *Commentaires sur la Somme de saint Thomas* et
censura son *Commentaire sur la Bible.*

interprette célèbre de l'Escripture saincte et l'un de nos plus fameux casuistes et théologiens, et ce censeur hardy trouve qui le blasme et le condemne en reprenant les aultres, estant haultement accusé d'erreur par Melchior Canus, « lib. 2, De Locis Theologicis, cap. XI » et ailleurs.

Puis donc qu'il est si constant que les Pères, les theologiens et les interprettes de l'Escripture saincte sont sujets à faillir et sont tous sensés particuliers en leurs opinions qui ne sont prises que pour raisons et non pour decisions, pourquoy les Conciles qui ne peuvent errer et qui sont les certificateurs et les deffenseurs de l'Escripture saincte, ne seront-ils placés immédiatement après la Bible et devant ses interprettes et commentateurs, puisque nous tenons pour maxime que : « Concilium generale certissimè, et absque omni erroris periculo, definire et declarare potest, quicquid sit directè et expressè divinitus revelatum aut institutum, » comme remarque Holden, docteur en Sorbonne, au nom de tous ses confrères, « Lib. de Resolutio fidei, lib. I, cap. 9, » aiant dit au chapitre 5 lectio I de ce mesme livre : « Quod Scriptura sacra ab Ecclesia universa recipi debet, veluti dignum et idoneum scriptum, quod sacrorum librorum catalogo inscribatur, » qui sont les Conciles, et non les Papes, et moins encore les evesques et les theologiens en particulier.

De dire que la Bible se trouvant dedans les livres de ceux qui la commentent, et qui l'interprettent, ils ne peuvent estre séparés du Texte qu'ils expliquent et qu'ils taschent d'esclaircir, à cela on respond que la Bible n'est plus considérée comme Bible dedans leurs escripts, et que ces livres ne sont point appellés Bibles,

mais les œuvres d'un tel et d'un tel sur la Bible, avec
les sentimens des particuliers qui ont voulu laisser
des pensées et des méditations d'hommes sujets à
faillir, sur un livre qui ne peult errer et dont l'intelligence parfaitte est encore dans le St Esprit qui l'a
dicté et composé.

De plus, les Conciles n'estant qu'un nom et qu'un
mot qui ne peult estre redigé par ordre alphabétique,
comme les aultres tiltres qui les suivent, il faloit
qu'ils suivissent les Bibles par bienséance, quand
mesme leur dignité ne leur donneroit pas ce rang,
parce que de les mettre parmy les Canonistes comme
font quelques-uns, c'est trop les ravaler que d'egaler
un simple docteur non approuvé et qui peult se
tromper à toutte l'Église en general qui ne peult
errer; de vouloir les ranger parmy les Anonimes,
comme il faudroit de necessité necessitante, ce seroit
pis encore, puisqu'il faudroit donner la derniere place
à ce que les hommes ont de plus sainct et de plus
venerable, et postposer les inspirations divines, les
résolutions generales de l'Eglise, et les decrets de mille
et mille docteurs approuvés aux caprices et aux
sentimens de tant de particuliers qui bien souvent ont
plus obscurci et plus souillé l'Escripture Saincte en
voulant l'expliquer qu'ils ne luy ont donné de grâces et
de lumieres en faisant parestre leurs resveries et leur
ignorance.

De sorte que la Bible contenant les loix de Dieu et
les Conciles, celles de son Eglise et de sa religion,
inspirées et revelées par son Sainct Esprit, il semble
qu'il est juste qu'elles se suivent de près et qu'elles ne
soient separées que de tiltre et de nom seulement.

Ce qui fait que nous donnons le troisiesme rang

aux Pères grecs et latins, comme premiers et principaux approbateurs de l'une et l'aultre de ces loix qui font le sujet de leurs escripts, la cause de leurs martires et le fondement de leur Religion. J'y adjouste les interprettes et commentateurs de la Bible, à cause de la liaison qui est entre eux, n'y aiant que le plus ou le moins des temps, des années et de la Doctrine qui en face la difference pour estre la matière egale. Les Theologiens, Heretiques, Controversistes et livres de Devotion, y sont joins parce que les premiers cherchent les raisons de ce que les Pères donnent par décisions. Les Heretiques et Controversistes y trouvent leur place, à cause que les uns et les aultres courent après une mesme vérité et desbitent une mesme theologie, vraie ou fausse, corrompue ou sans alteration; c'est le different des parties et ce qui reste à juger aux lecteurs de ces sortes de livres.

Je sçais que les Heretiques et les Controversistes pouvoient se séparer et faire un tiltre à part, mais c'est lorsque l'on en a grand nombre et suffisamment pour cela, et quand on en a peu comme icy, j'ay mis le faux avec le vray, le meschant avec le bon, l'aveugle avec le clair-voiant, le desvoié avec le conducteur fidel et le mensonge avec la verité, affin qu'estant ainsi opposés les uns aux aultres on put descouvrir plus facilement la malice des uns et la sincerité des aultres.

Pour ce qui est des Epistolaires qui font le quatriesme Tiltre de ce catalogue, il faut que j'advoue ingénuement que trouvant ces livres si dissemblables en eux mesmes et si differens en leurs traittés, j'ay cru qu'il estoit comme impossible de pouvoir les distribuer regulierement chacun en leurs endroits et dans le rang qui leur appartient. Parce que les uns

pourroient estre mis parmy les Pères de l'Eglise,
d'aultres entre les Canonistes, quelques-uns avec les
Historiens et plusieurs au rang des Politiques.
Et comme ils visent tous au sommaire de leur tiltre
qui est quelque poinct d'histoire, ou de la police de
l'Eglise et de l'Estat et que la pluspart sont faits et
composés par des papes, des evesques et aultres
prélats considerables; pour ne point confondre ce
petit nombre d'autheurs parmy une infinité d'aultres
plus grands et souvent moins estimés, j'ay bien voulu
les faire suivre immediattement après les Pères, comme
parties de leurs ouvrages et en faire une classe particulière affin que les curieux et amateurs de ceste sorte
de lecture, qui n'est pas peu recherchée, les puissent
trouver et conestre plus facilement.

Après la loy divine qui est contenue dedans la Bible
et celle de l'Eglise et de la Religion qui est comprise
et expliquée dans les Pères et les Conciles, je donne le
cinquiesme rang à celle des hommes qui est recueillie
et compilée dans les Jurisconsultes, Canonistes et
aultres autheurs enoncés dans ce tiltre. Auxquels j'ay
joins ceux qui traittent des sorciers et magiciens
parce qu'ils enseignent pour la plus part comme quoy
il fault faire leurs procès et les peines que meritent
ces malheureux criminels de leze majesté divine et
humaine.

En suitte de ces Loix, Coustumes et Ordonnances
generales, suivent les speciales et particulieres qui sont
les fondations, regles, statuts, privileges et constitutions de divers ordres et religions..., etc., compilées et
ramassées sous le tiltre sixiesme.

Le monde et les hommes créés, les loix de Dieu
establies, celles de la Religion réglées, les aultres de la

police approuvées et confirmées comme la baze et le fondement de la Société civile, suivent les Philosophes scholastiques et moraux pour instruire et polir les peuples et les citoiens, qui conessant qu'ils sont hommes et la raison qui les rend tels, se portent plus facilement à reconestre leur Createur, à suivre ses commendemens, se sousmettre aux loix et aux magistrats, et regler leurs vies et leurs mœurs suivant les ordres qui leurs sont prescripts par tant de bons autheurs et de conseilliers fideles.

Les hommes instruits et disciplinés de la sorte, ils ont les Humanistes qui font les Belles-Lettres pour les divertir et relascher leurs esprits, ou après avoir serieusement commendé ou modestement et volontairement obey. Et encore que les Poetes pourroient entrer dans ce mesme tiltre, neantmoins j'ay cru les debvoir separer affin que ceux qui preferent la prose à la poesie, ou les vers à l'oraison, soient plus facilement satisfaits, et que ceux qui aiment plus les poetes que les orateurs trouvent incontinent de quoy contenter leur inclination et leur curiosité tout ensemble. Oultre qu'il y a tant de différence entre ces deux genres d'escrire qu'il m'a semblé estre de l'ordre et de la raison de ramasser les uns sous un tiltre et les aultres sous un aultre comme ils sont, et ce par ordre alphabetique pour une facilité plus grande.

Les Mathematiciens, les Peintres, les Sculpteurs, Architectes, Arithmeticiens, Astrologues et livres de fortification ne font plus qu'un mesme tiltre, encore qu'on auroit pu les mettre tous sous le mot de Mathematiciens qui comprennent tous les aultres, comme le tout fait ses parties. Mais comme « Entia [*sic*] non sunt » multiplicanda sine necessitate » j'ay cru que tant de subdivisions apporteroient plus de confusion que de facilité et d'esclaircissement. Ciceron nous apprenant lib. II de Oratore que : « Ordo est maxime qui » memoriæ lumen affert. » Qu'un bon ordre soulage plus la memoire qu'une confusion de tiltres et de divisions qui l'estouffent davantage qu'elles ne l'esclaircissent et ne l'instruisent. Et ne leur ay donné que ceste dixieme place parce qu'ils font plus à la curiosité qu'à la necessité et à l'ornement des villes et des cités qu'à l'instruction et reformation de ceux qui les peuplent et qui les habitent.

La Medecine suit tous ceux-là parce qu'on suppose les hommes sains et entiers, qui ne songent aux medecins que par force et par necessité. « Honora medicum propter necessitatem, » dit le sage. Et parce que la santé de l'ame est preferable à celle du corps, les medecins spirituels ont deubs marcher devant les corporels oultre que les premiers sont tousjours preferés et desirables et les aultres rejettés et odieux, non pour les remedes et les soulagemens qu'ils apportent, mais pour les maux et les douleurs qui les appellent et les font rechercher.

Voila l'homme estably, ses actions reglées, ses divertissemens trouvés, les remedes des maladies de l'ame et du corps preparés ; reste maintenant de faire conestre l'estat de sa vie quelle a esté sa conduitte en ce monde, ce qu'il y a fait de glorieux et quel blasme ont pu meriter les mauvaises actions par luy commises ; pour à quoy satisfaire nous n'avons que l'Histoire qui est le miroir des choses passées et le conseillier fidel des presentes et des futures, comme la recompense des vertueux et la condamnation des mechans.

Ce n'est point icy le lieu de montrer combien elle

est utile et necessaire aux hommes, mais seulement de rendre raison de l'ordre de ces tiltres et de la place qu'elle tient en ce Catalogue pour faire voir que le hazard ny le caprice ne nous a fait faire ceste distribution qu'après une longue meditation et une experience de trente ans reiterée et approuvée de plusieurs critiques fameux et jaloux. Le catalogue de la bibliothèque de monseigneur le chancelier Seguier, qui est vne des plus considerables de l'Europe, est dressé de ceste mesme sorte, avec celuy de monseigneur le garde des seaux Molé, de M^r l'abbé de Ste Croix, son fils, celuy de Mr Jassault, maistre des Requestes ordinaire de l'Hostel du Roi, riche en livres de medales plus qu'aucun du roiaume, et trois aultres en suitte de quelques bibliotheques moins fameuses, mais tres recherchées de quoy je puis respondre avec certitude puisque j'en ay esté l'autheur et le directeur fort aggréé et tres approuvé. Et après tous ceux là celuy de la curieuse et vaste bibliothèque de monseigneur Arnaud de Pontac, premier president au Parlement de Bourdeaux, l'amour des peuples, comme ses livres sont l'ornement de la Province et au sujet desquels, j'ay entrepris ce petit discours que personne n'avoit encore tanté ny projetté.

Après les Historiens j'ay placé les Politiques et livres d'Estat et en ai fait un tiltre à part, encore que les uns semblent avoir quelque chose de l'Histoire et les aultres beaucoup de la Morale. Neantmoins, puisqu'Aristote affirme et soustient dans le premier de ses politiques : « Finem politica esse, dirigere cives ad » honestam ex virtute vitam et ad veram felicitatem », l'Histoire nous aiant representé ceste vertu toute nuë et par forme de narration, voicy la Politique qui adjouste les conseils et les preceptes qui nous doibvent porter à la suivre et practiquer pour parvenir à la felicité veritable qu'elle nous fait esperer et que nous en debvons attendre.

De plus, la Politique n'estant que l'experience de l'Histoire et ses maximes [ne] se trouvant fondées que sur les evenemens heureux ou funestes qu'elle nous represente, il est raisonnable ce me semble de separer la façon d'agir d'avec celle d'instruire et d'establir le fait avant que d'exposer les moiens et les regles certaines qui nous peuvent heureusement et sagement guider et conduire aux choses que nous entreprenons. Et qu'ainsi ne soit, vous voiés que la plupart des livres politiques ne sont remplis que d'exemples et maximes tirées de l'Histoire, comme s'ils n'estoient faits que pour approuver ce qu'ils y trouvent de prudemment executé, ou pour condemner les desseins qui s'y rencontrent follement entrepris et temerairement ruinés. Davantage comme les lois ne sont que le desadveu des faultes passées et le remede de celles qui sont à venir, il fault aussi que l'Histoire represente les desordres commis et les malheurs arrivés affin qu'une prudente politique y apporte les temperamens necessaires et les conseils qui peuvent s'en deffendre et s'en exempter.

Si la Politique peult et doibt estre separée de l'Histoire comme vous voiés, elle n'a pas moins de droict ce me semble de se tirer de la morale sans faire tort ny à son rang, ny à l'objet de ses preceptes, puisque ceste dernière regarde les hommes à faire et celle-là ceux qui sont faits. Bettinus, jesuite italien, met en question dans son Licée, p. 99, si la politique releve de la morale et si elle luy est inferieure ! Et après plu-

sieurs belles raisons et des authorités fortes et puis-
santes, qu'il emprunte d'Eustratius et de Buridan, il
conclut avec eux : « Quod ethica est de uno homine,
» non uno solo, sed uno communiter et indifferenter
» ad omnes accepto; œconomica autem et politica sunt
» de pluribus, quia de hominibus distinctis secundum
» gradus, et status diversos ad ordinatam cohabita-
» tionem et cohabitantium vitam decentem, et suffi-
» cientiam requisitos; et ex his jam patere potest quod
» Ethica prior est, et utilior quam œconomica et poli-
» tica, et quod eas sibi subalternat. »

Neantmoins Aristote, St Thomas et plusieurs aultres
sçavans avec eux soustiennent fortement et avec
verité: « Quod bonum politicum monastico (id est
» privato) anteponitur tanquam minori maius, arctiori
» latius, bono melius; » qui est le sentiment de
Seneque en son epistre 74, parce que la politique
regarde le general et la morale le particulier seulement;
et pour ceste raison et quantité d'aultres : « Bonum
» politicum est maius, sed non magis bonum quam
» ethicum ; latius quantitate non melius essentiæ
» qualitate, seu quidditate; ad plures diffenditur, sed
» ea diffusione, præcise veram bonitatem quæ bonum
» ac felicem hominem aliis imperantem efficiat, non
» adauget. »

Que l'une ou l'aultre de ces sciences soit plus ou
moins noble que sa compagne, ce n'est pas mon
dessein d'en parler plus au long, mais seulement de
monstrer qu'on peult séparer l'une d'avec l'aultre et
qu'ainsi la politique n'est point une partie essentielle
de la morale, non plus que l'Histoire, à moins que de
reduire la Theologie dans la Metaphisique, la Medecine dans la Phisique, la Rhetorique dans la Logique

et touttes sortes de livres sous le tiltre de Philosophes, puisqu'ils sont tous amateurs de sciences et raisonnent chacun à leur mode, soit bien, soit mal, fortement ou faiblement et tous du mieux qu'ils peuvent.

Reste le 14 et dernier tiltre, qui, à mon sens, ne peult recepvoir de contradiction parce qu'il est plus tost surnumeraire que necessaire en cest endroit, d'aultant que tous les livres qu'il contient sont rapportés chacun en particulier sous les Tiltres d'où ils dependent. Mais comme ces Dictionnaires, Lexicons, Calepins et aultres de ceste nature sont comme l'abbregé et le racourcy de touttes sortes de sciences, je les ay mis en corps après tous les aultres, comme a fait le sçavant Possevin, affin qu'on puisse les avoir en main plus facilement et les consulter plus commodement, estant comme la clef ou plus tost les interprettes des doultes et des difficultés qu'on peult avoir en la lecture des bons livres, osant mettre en avant qu'on ne scauroit avoir trop de ces Dictionnaires differens, puisqu'ils sont les seuls qui donnent le plus de lumiere et le plus d'intelligence dans le fond et la conessance des bonnes lettres, estant certain que ce fameux critique monsieur Saumaise en faisoit la baze de sa bibliotheque et la source de tant de livres qu'il a mis au jour.

Voilà ce que j'ay pu descouvrir et remarquer touchant une matière fort sterile et peu agitée, puisque je ne connois aucun autheur qui en ait traitté à fond ny à dessein comme je fais en ce petit discours qui est plus tost une tentative que des regles ny des loix inpericuses sur un sujet si rare et si nouveau. Si j'avois pu trouver quelque chose de plus solide et de plus relevé, et tracer un ordre plus facile et plus commode, je l'aurois suivy et practiqué bien assurement. Quand de plus capables et de plus intelligens l'auront rencontré et mis en evidence, je condemneray le mien pour suivre et approuver le leur le premier très certainement ; prenant beaucoup plus de plaisir d'apprendre que de dogmatiser.